元華文創
頂尖文庫 EA040

臺灣政經史系列叢書06　陳天授主編

自由主義的信徒

The Believer of Liberalism：The Study of Lin Yü-sheng

林毓生研究

追索中央研究院院士林毓生先生的學思成長歷程

窺見「貫通熱烈與冷靜之間」的林毓生，如何建構華人世界對自由主義新的認識

李顯裕——著

T A I W A N

自 序

一、

　　研究林毓生先生是源自於自己年少時，受到林先生著作的知識衝擊與人文的感動所致。

　　猶記高中就讀時期，當時因為受到老師的影響，所以去購買胡適、李敖的書來閱讀，尤其當時黨外政治力量正風起雲湧的興起，李敖的《千秋評論雜誌》與《千秋評論雜誌號外》，以及書店裡販售的各種黨外雜誌，都引起我很大的興趣。因為受到這些書籍與刊物的啟蒙，使得我對於當時臺灣政治發展的困境，有了一些了解。所以每當選舉時，我偶而會去黨外候選人的政見發表會，感受那種民主政治的激情。而同時此時期，記得當時的校刊《雄中青年》第 54 期，曾經製作了「五四運動」的專題，使得我當時對於五四運動浪漫啟蒙的情懷頗有所感，同時也種下了對人文知識感興趣的種子。

　　後來進入中央警官學校大學部（現已改名為中央警察大學）刑事警察學系就讀，在大學一年級修習必修的「中國通史」時，又使我重燃高中時期對歷史人文知識的深厚興趣。而此時有一段時間，我對於中國五四運動的種種，甚感興趣，當時即到學校圖書館借了一些相關的書籍閱讀。其中包括周策縱先生的《五四運動史》和林毓生先生的《思想與人物》，周先生的書使得我對於五四運動的史實有較周全的認識；而林先生的《思想與人物》，其中論及五四激烈的反傳統思想、對殷海光的論說，以及對西方自由主義哲學和政治、社會思想的深刻討論，論證既深刻又繁複，於是深深地吸引著我，而書中透顯著對現實政治關懷的人文精神，更令我感動。當時大一時，我完全不認識林毓生先生和他的學術論著，只覺得很喜歡閱讀他的文章，於是當時放假時立刻到臺北重慶

南路的書店購買《思想與人物》一書，將此書精讀數遍，同時也到學校圖書館和當時的中央圖書館，將林先生尚未集結成書的論文和評論文章蒐羅殆盡，仔細閱讀，於是在林先生著作的啟發下，大三時在系上的學生刊物《刑事學刊》上，大膽的發表了〈自由主義學者林毓生的思想及其涵義〉，大四時發表了〈殷海光、自由主義與儒學的反思〉，這些不成熟的文章早就令我不忍卒讀，但它記錄著一段在我人文素養的培養與知識的追尋上，林毓生先生的學術生命情調對我的深刻啟蒙。故從 1980、90 年代開始至今，我仍維持蒐集、閱讀林毓生先生每一篇著作、訪談文章的熱情未變。

林毓生先生繼承其師殷海光先生的自由主義精神，同時也在西方接受海耶克(F.A. Hayek)正統的自由主義的精神與思想，並將西方這正統的自由主義思想引入華人地區（中國、臺灣與香港），使得華人世界對於百年來，所追求的西方之自由、民主有了更深刻複雜的認識。同時林毓生先生受到韋伯(Max Weber)、史華慈（Benjamin I. Schwartz）的影響，將其研究方法引入中國史的研究之中，在林先生提倡的「比慢」精神之下，林先生的著作都極富原創性與啟發性。而他嚴肅的學術研究論著中，更透顯著他對於現實政治公共關懷的人文精神。

基本上，林毓生先生的學術研究是厚積而薄發的，他的研究成績雖稱不上卷帙浩繁，但這些學術成果卻帶給當代中國與臺灣知識圈非常重大的衝擊與影響，對於華人要實現多元化的自由主義這一課題，以及認識當代中國、臺灣政治發展的困境，無疑是有著巨大的學術價值。

我在撰寫這本書的同時，一方面感受到林毓生先生學問根底的深厚及思想的深邃，這讓我想起英國著名的思想家以賽・柏林（Isaiah Berlin）在論述托爾斯泰歷史觀時，曾有對思想與藝術之性格所作的「狐狸型」與「刺蝟型」之分類，所謂「狐狸知道很多的事，但是刺蝟則只知道一件大事」的說法。我覺得從學術性格上而言，林毓生先生可說是具有「刺蝟型」深邃性格的學者，其治學基本上或可歸結到一個一貫而明確的系統。而在另一方面，我在研究的過程中，也時時感到自己知識力的不足，難以更精準的掌握林毓生先生學術思想與精神的全幅面貌。

　　不過終歸基於對林毓生先生的敬愛，所以我還是勉力將林毓生先生的學術思想與精神作初步的整理與探究，希望這本著作，能對當代華人重要的自由主義學者林毓生先生的學術精神與公共關懷有著初步的認識。同時林先生所提供的學術典範，相信也能對於華人世界如何推動自由民主的進程之認識，提供重要的系統導向。

二、

　　本書得以出版，首先要感謝陳添壽教授的盛情邀約及裁成的雅意。添壽老師是我在中央警察大學通識教育中心任教期間的長輩，在我與他共事通識教育中心的十多年期間，印象中添壽老師幾乎婉辭各項的邀宴應酬，偶而也看到他帶著背包踽踽獨行於街上，像個苦行僧一樣全神投入在學術研究之中。所以每隔一段時間，我常常會收到添壽老師持贈的大作。他著述宏富，而從書中可知他廣泛涉獵歷史學、經濟學、政治學、管理學、文學等諸多人文社會科學知識，而他年輕時即已遍讀胡適的著作，所以他也呈現一種文藝復興式的學問知識之汲取興趣。記得他曾跟我提及他壯年之後，與新儒家的徐復觀一樣發奮專心於學問。其實他較年輕時，就已參與不少經濟、文化、實業、媒體的重要工作，而他的政治、文化評論專欄，立論或允當衡平，或留下不少時代思潮的歷史印記，其中可說是理性與感性交融其中。但他總是很低調、內斂不張揚的人，卻為人敦厚愛護晚輩，是一位令人感到溫暖的長輩。

　　最後也要感謝元華文創公司蔡佩玲總編輯、陳欣欣執行主編，和該公司團隊的協助，讓本書得以順利出版。與蔡總編輯與陳執行編輯接洽書籍的出版過程中，她們總是很誠懇親切、敬業地為我提供諸多的行政協助，也很體諒作者寫書過程的艱辛，避免給作者壓力，所以整個出版的過程，讓我感到是很愉快的經驗。

李顯裕

謹記 2019 年 12 月

目　次

一、前言

　　從自由主義在近代中國與臺灣的發展觀察，在清末民初之際，中國當時重要的知識分子嚴復與梁啟超，就引入西方的自由主義的理念進入中國，惟正如這些最早期的自由主義的引入中國，它基本上是一種具有工具性質的意義，希望透過自由主義的思想，能促進中國的富強[1]。是以這一最早在中國的自由主義理念與西方自由主義最核心的觀念，如康德所言：人是不可化約的工具，人就是目的，不是工具，所謂「諸目的的王國」的這一觀念，基本上是有距離的。所以當中國在晚清民初內憂外患的歷史困局之下，純粹自由主義的精神，基本上是無法被當時中國知識階層所能真正理解，更遑論在當時中國社會上能具體落實其制度與精神。

　　而在五四時期雖然有著思想啟蒙運動的特質，在某些層面上也確實引入西方真正自由主義的核心價值，其中以胡適最具代表性，惟五四時期的自由主義的精神理念，稍後在中國政治上傾向極端的左右政治意識形態的壓迫下，以胡適為代表的自由主義就只好退位給左右的政治意識型態[2]。然客觀來看，儘管胡適在五四時期積極引入西方自由主義的精神、制度，然而他對西方正統自由主義的複雜歷史演變及涵義了解並不夠深刻[3]，甚或是受到西方無政府主義的理念

---

[1] Benjamin I. Schwartz,*In Search of Wealth and Power:Yen Fu and the West*（New York：Harvard University,1964）.史華慈，《尋求富強：嚴復與西方》（南京：江蘇人民出版社，1995）；以及張灝，《梁啟超與中國思想的過度(1890-1907)》（北京：新星出版社，2006.2）。

[2] 余英時，《中國近代思想史上的胡適》（臺北：聯經，2007初版九刷），頁65-71。

[3] 胡適基本上所宣揚的自由，比較不放在社會經濟的基礎上來考慮，比較多的時候，在他看來，自由是一種精神或是一種啟蒙，參見林載爵，〈胡適論自由〉，收錄於周策縱等著，《胡適與近代中國》（臺北：時報，1991），頁275-301。

之誤導[4]，是以無法更深入地觸及到西方正統自由主義的精神，惟儘管如此，胡適畢竟引入西方自由主義的某些真正的精神理念，尤其當中國1920、30年代在左右政治意識形態的夾擊下，胡適確能謹守自由主義的原則、理念，振筆為文，對抗當時走向獨裁體制的蔣介石國民黨政權。而這一精神、理念並發而為實際的行動，一直到胡適來到臺灣，身任當時《自由中國》雜誌的發行人，胡適仍然保有他從五四時期自由主義精神的餘暉[5]。這是難能可貴的近代中國與臺灣自由主義的發展。

而到1949年之後，中國大陸為馬克思主義的中國共產黨所席捲，從此進入極權主義的黑暗時期，甚或超過蔣介石國民黨的專制獨裁政權，在中共統治之下，毛澤東的權力與獨裁恐是超過中國歷史上任何一個皇帝，此時完全沒有民間、社會力量的發展空間，國民黨算是軟性的獨裁威權體制，而中共則是剛性的獨裁極權體制。而1949年退居臺灣的國民黨政權，雖然為了博取美國的支持，同時為與中共有所區隔，某種程度上開放自由的空間，然等到韓戰爆發之後，蔣介石的政權原本處於風雨飄搖之中，隨即轉為穩定，是以無所顧忌地進行對自由空間的壓縮。而在這政治緊繃、人的外在自由空間受到政治威權欺凌的時期，此時在臺灣的知識分子中，仍有謇謇之士，秉持「道尊於勢」的精神，不畏強權政治的暴力，持續知識分子的議政傳統，為臺灣自由主義的發展以身

---

[4] 林毓生，〈漫談胡適思想及其它——兼論胡著「易卜生主義」的含混性〉，《政治秩序與多元社會》（臺北：聯經，1989），頁221-234。

[5] 胡適在現實政治中堅持自由主義的言論與行動，相關有系統的研究，請參考張忠棟下列論文：〈從《努力》到《新月》的政治言論〉、〈在動亂中堅持民主〉、〈為自由中國爭取言論自由〉，皆收錄於《胡適五論》（臺北：稻鄉，2005），頁1-66、153-254、255-288。胡適在《自由中國》時期，林毓生稱他是自由民主的提倡者，與1929-1930年發表《人權論集》遭到國民黨政府通緝的鬥士有所不同，參見林毓生，〈平心靜氣論胡適〉，《中國傳統的創造性轉化（增訂本）》（北京：三聯書店，2011），頁535。而胡適1958-1962年返國擔任中研院院長時，當時《文星》雜誌一直希望得到胡適的支持，但是或源於胡適工作過忙，或因為他擔任中研院院長與蔣介石有較密切的關係，故一直與《文星》雜誌保持距離，此與《自由中國》時期胡適雖不願領頭，但卻主動參與形成鮮明的對比。故後來受到《自由中國》的骨幹人物傅正的批評，以致學者黃克武稱此時期的胡適為「保守的自由主義者」，參見黃克武，〈一位「保守的自由主義者」：胡適與《文星》雜誌〉，收錄於潘光哲主編，《胡適與現代中國的理想追尋：紀念胡適先生一二〇歲誕辰國際學術研討會論文集》（臺北：秀威資訊科技，2013），頁332-359。

相殉。當時重要的《自由中國》雜誌所聚集的一群知識分子，如雷震、殷海光、夏道平、傅正皆是此中的代表，尤其殷海光在臺大任教，更是以著邏輯實證論宣揚自由主義的精神，吸引了一大批青年學子的矚目。胡適在中國大陸五四時期 1920、30 年代以後，曾經扮演著思想啟蒙的導師以及爭取自由的鬥士，惟到了臺灣之後，胡適思想啟蒙導師以及自由主義鬥士的地位，實際上已經退居第二線了，而由殷海光來代替。殷海光雖然在 1949 年之前，曾經是右派甚或是蔣介石的擁護者[6]，但在中共即將佔領中國前夕，他的思想已有轉變，到了臺灣之後，他則幡然大變，成為一位批評蔣介石國民黨獨裁政權的急先鋒，他以清晰而堅定的文筆，不斷在學術層面宣揚自由主義的理念，且不時發而為文，批評政府當局政治作為的虛假和獨裁，是以後來受到國民黨政權的打壓而離開臺大[7]。殷海光在實踐自由主義精神上的表現是令人敬重的，他對西方自由主義發展的複雜歷史與思想的涵義，因為時代的限制，雖然稱不上深刻，但是他啟蒙當時諸多的青年學子，往自由主義的理想追求，其中後來成為思想史學者的林毓生，即是最能繼承殷海光自由主義精神的重要人物之一。

中央研究院院士林毓生（1934-）是當代中國思想史研究的重要學者，從 1970 年代中期以後，一直到目前，林毓生以著深刻繁複的中西思想史研究，起先在臺灣，後來在中國大陸的學術圈中起著重大的學術影響，同時也對現實的華人政治社會發展投射出一股批判的力道與深刻的反思。是以這段時間，林毓生與當代中國與世界漢學界的巨擘余英時，及另一位與林毓生同樣出身於殷海

---

[6] 有關殷海光 1949 年之前的右傾傾向，參考何卓恩，《殷海光與近代中國自由主義》（上海：三聯書店，2005 第二刷），頁 53-78。殷海光早年是右派，支持國民黨，講三民主義，當時在西南聯大時，被左派學生當作對手來辯論。林毓生以為這不是什麼特別不光榮的事，因為殷海光的反共不是為了政治利益、升官發財，是為了當時一些浪漫的幻想而為，參見何卓恩此書中的〈我所了解的殷海光和自由民主——林毓生先生答本書作者（代序）〉，頁 2-3。

[7] 殷海光被迫無法在臺大授課及離開臺大教職的過程，參見殷海光，〈我被迫離開臺灣大學的經過〉，《殷海光全集 17：雜憶與隨筆》（臺北：臺大出版中心，2010.12），頁 168-179。這是一篇有重要歷史意義的文獻，其中既牽涉到殷海光與學術文化界人士，主要是徐高阮、胡秋原、徐復觀的思想與政治之恩怨，同時亦見 1960、70 年代臺灣國民黨情治黨工施壓殷海光離開臺大教職的過程，從中也看出殷海光如何維持一個自由主義的精神與道德勇氣去面對威權政治的欺凌，為臺灣自由主義的發展樹立了尊嚴的里程碑。

光門下的思想史學者張灝，他們共同在 1980、90 年代臺灣掀起一股思想史研究的知識熱潮，演講所到之處，座無虛席，發問無數[8]，後來他們的著作又在中國大陸出版並引起重視，隱然成為當代華人人文論說場域的中心。

在專業的學術研究論著中，林毓生的著作雖然不多，惟其中幾個重要的學術研究論著：如對中國五四時代整體性的反傳統主義研究、魯迅研究、文化保守主義研究及論述西方自由主義的政治思想與社會理論，因為頗具原創性與對現實的啟發性，往往突破過往學術研究的思維窠臼，而能直擊近代中國與臺灣歷史困境與現實政治社會問題的真正核心，是以林毓生的幾本主要著作《中國意識的危機－「五四」時期激烈的反傳統主義》（貴陽：貴州人民出版社，1986，1988 增訂再版本）（穆善培譯）（*The Crisis of Chinese Consciousness: Radical Antitraditionalism in the May Fourth Era*（Madison：University of Wisconsin Press, 1979）；臺北：全國出版社，1981 年二版）[9]，《思想與人物》（臺北：聯經，1983）；大陸版《中國傳統的創造性轉化》（北京：三聯書店，1988；2011 增訂本）、《政治秩序與多元社會》（臺北：聯經，1989），以及自 1989 年以來成文的重要文章，如〈建立中國的公民社會與「現代的民間社會」〉、〈二十世紀中國的反傳統思潮、中式馬列主義、與毛澤東的烏托邦主義〉、〈魯迅個人主義的性質與含意－兼論「國民性」問題〉、〈東歐巨變在世界思想史上的意義〉、〈一個知識貴族的殞落－敬悼海耶克先生〉、〈自由不是解放－海耶克的自由哲學〉、〈略談西方自由主義對馬克思主義的批評〉、〈從蘇格蘭啟蒙運動談起〉、〈史華慈（Benjamin I. Schwartz）思想史學的意義〉、〈「問題與主義」論辯的歷史意義〉等三、四十多篇以上的論文、評論文章和訪問文字[10]，這些文章皆在專業的學術界與一般的知識文化圈中引起關注。

---

[8]　林載爵，〈燃燒的七十年代——《歷史與思想》二十年〉，《聯合報》，1996 年 7 月 1 日，42 版。

[9]　林毓生此書有臺北全國出版社的翻印本。另外此書有日文翻譯版本及韓文翻譯版本，分別為：林毓生著，丸山松幸、陳正醍譯，《中国の思想の危機：陳独秀・胡適・魯迅》（東京都：研文出版，1989）；林毓生著，李炳柱譯，《中国意識의 危機》（漢城：大光文化社，1990）。

[10]　林毓生原預計在 2000 年代初期，將 1989 年以後所寫的文章，編輯為《從公民社會談起》一書，由臺灣聯經出版公司發行出版。但筆者在等候多年期間，幾次打電話與聯經出版公司執事編輯沙小姐

　　然林毓生的身分雖然是專業學術圈中的思想史研究者，然而他並不是象牙塔的學者，毋寧是一位當代公共知識分子的典範，與余英時、許倬雲同其精神，就如同西方著名公共型的知識分子學者薩依德（Edward Said）、杭士基（Chomsky），不斷關懷伊斯蘭世界及美國帝國主義的公共議題。林毓生對於近代中國以及二戰後臺灣歷史進程中，知識分子所關懷最重要的中心課題－如何建立民主自由的體制－向來是他最重要的現實關懷，然而對應這一課題，與浮泛的政治評論或名嘴式的激情吶喊大異其趣的是，林毓生是以著最嚴肅的學術研究，理性深刻分析為何在中國及臺灣實行自由主義的民主自由制度是如此艱難，林毓生有著深刻的歷史、哲學與思想的訓練，這正好為他對現實政治的公共關懷提供了最考靠的知識理論依據。是以本文擬就林毓生的學術精神及他嚴肅學術研究所透顯的公共關懷作一論述。相信也會對中國與臺灣未來民主的發展提供極有意義的啟示。

請教此書的出版進度，了解林毓生 2014 年準備將此書收錄更多的文章，並更改書名出版。又據當時香港城市大學中國文化中心網站的相關訊息了解，林毓生原預計在 2014 年由上海書店出版《林毓生思想文集》上、下兩冊；又中國大陸吉林出版公司也原預定出版《中國激進思潮的起源與後果》一書，惟任何了解林毓生研究的風格即知，林毓生是提倡「比慢」的精神，他的文章大都是經過深思熟慮一改再改才成文發表的，而且發表之後還會反覆修訂，故這些書籍並未能按原定時程出版。對此，林毓生在中國大陸的摯友王元化即提及林毓生在言談時極為斟酌，「盡量想說得最準確、最完善，…後來我們接觸多了，我發現這種認真精神在他修改自己文章時更為顯著。經過催促，文章交來了，於是修改的漫長歷程開始，他的傳真一個個發來，約他稿子的刊物編者開玩笑說，他的傳真永遠是逗號，而沒有打上句號的時候。他的認真被有些人視為『迂』，但我不這樣看。」，參見王元化，〈一九九一年回憶錄〉，《九十年代日記》（上海：上海古籍出版社，2008.8），頁 59-60。而 2011 年 5 月，中國大陸的北京三聯書店從臺灣出版的《思想與人物》與《政治秩序與多元社會》兩本書中選錄部分文章，再加上林毓生未曾收錄於上述著作中的 12 篇文章、訪談錄，重新出版《中國傳統的創造性轉化（增訂本）》（北京：三聯書店，2011）。而香港於 2015 年由「香港商務印書館」選錄林毓生已出版和未出版的文章合為一書《政治秩序的觀念》（香港：商務印書館，2015.07）。而終於在 2019 年 6 月初在臺灣，出版了他自 1989 年之後大部分的文章、訪談錄的文集《中國激進思潮的起源與後果》（臺北：聯經，2019.06）。

二、林毓生早年學術思想的發軔

(一)林毓生與沈剛伯：史學與世變的結合

　　林毓生出生於 1934 年，1958 年畢業於臺灣大學歷史系，1960 年赴美國芝加哥大學社會思想委員會攻讀博士學位，1970 年取得博士學位。在臺大歷史系就讀時期(1954-1958)，主要受到當時臺大哲學系著名的教授殷海光，以及文學院院長沈剛伯的影響。尤其是殷海光的自由主義的精神，終生形塑了林毓生的思想與政治關懷。而在芝加哥大學的社會思想委員會時期，林毓生在思想關懷上延續著自由主義的課題，並受到近代著名的政治思想家和經濟學家海耶克（F.A. Hayek）的影響，終生服膺海耶克所代表的蘇格蘭啟蒙運動的自由主義思想。爾後在林毓生專業的中國思想史研究上，則受到美國哈佛大學著名的中國史研究學者史華慈（Benjamin I. Shwartz）的指導與影響，形成能從比較政治思想史與社會思想史的視角，來研究中國思想史的相關課題。

　　在臺大求學之際，林毓生除受到殷海光的引導去了解及信仰西方的自由思想、自由哲學、自由制度外，他同時也受到當時臺大文學院院長史學家沈剛伯的影響，這恐怕是林毓生在臺大歷史系求學時，在史學家的範圍內，所受到影響他最大的學者。與林毓生同時期先後在臺大歷史系就讀的張灝，也曾經舉出沈剛伯是在臺大教室裡很能使學生風靡且上課叫座的教授[1]。林毓生在臺大歷史系就讀時期，與當時臺大文學院院長沈剛伯很接近，並且被沈剛伯的英國史課程所吸引[2]，他在沈剛伯那裡學習了自由制度在英國的演變[3]。

---

[1]　張灝，〈殷海光與中國知識分子——紀念海光師逝世三十周年〉，《時代的探索》（臺北：聯經，2004），頁 237-238。

[2]　林毓生在臺大歷史系讀書時，感到大部分文學院的課程都相當枯燥、瑣碎。惟有沈剛伯的英國史、

　　然沈剛伯主要授課重心係在西洋史，同時作為教育家身分的沈剛伯是更為人所推崇的，所以沈剛伯給予林毓生的學術影響，主要是讓他了解西方的民主自由制度，而這和林毓生的現實關懷實際上是頗為相關的。是以當 1961 年林毓生已經遠赴美國芝加哥大學留學時，他寫了封信給殷海光，信中提及：「如果沒有您思想上的啟蒙以及從您那裡得到許多方法上的概念與沈〔剛伯〕先生那裡關於英國史的概念，我絕不可能一來這裡就接上了頭，也絕不會很自然地適應這裡的 tutorial 和 seminars〔討論班〕的要求——全仗『發問』與『辯難』」[4]。從中可知沈剛伯的英國史課程給予林毓生的啟發，而除了英國史涉及近代西方民主、自由、憲政的相關課題，與林毓生的現實自由主義的關懷相關外，沈剛伯所表現的史學風格恐怕也是能投合於林毓生對史學研究的理念。

　　而實際上沈剛伯的史學理念，向來與當時以傅斯年為代表的主流新漢學研究風格的「史料學派」有所不同。傅斯年在 1928 年著名的〈歷史語言研究所工作之旨趣〉中說「把些傳統的或自造的『仁義禮智』和其他主觀，同歷史學和語言學混在一氣的人，絕對不是我們的同志！」並且他想要「把歷史學語言學建設得和生物學地質學等同樣，乃是我們的同志！」[5]，這些自然是傅斯年受到德國蘭克歷史學派影響下的史學思想，很明顯地帶有實證主義的傾向。而這一論點到了 1943 年傅斯年在為歷史語言研究所的《史料與史學》寫〈發刊詞〉時，其觀點依然如舊，他說：

　　殷海光的理則學對他非常有吸引力，參見黃曉峰，〈林毓生談殷海光〉，收錄於《東方早報・上海書評》編輯部編，《空虛雙城記》（上海：上海書店，2010.4），頁 17。

[3]　在中古時代，英國也是很專制的，然後來從王權主義演變成一個自由的制度，這些英國國會等各方面制度史上的演變都是林毓生從沈剛伯那裏學習來的，林毓生這段自述，參見何卓恩，《殷海光與近代中國自由主義》，一書中的〈我所了解的殷海光和自由民主——林毓生先生答本書作者（代序）〉，頁 4。

[4]　〈林毓生致殷海光函〉，《殷海光・林毓生書信錄》（臺北：臺大出版中心，2010.5），頁 54。

[5]　傅斯年，〈歷史語言研究所工作之旨趣〉，《傅斯年全集》（臺北：聯經，1980），第 4 冊，頁 266。

　　本所同人之治史學，不以空論為學問，亦不以「史觀」為急圖，乃
純粹就史料以探史實也。史料有之，則可因鉤稽有此知識，史料所
無，則不敢臆測，亦不敢比附成式。此在中國，固為司馬光以至錢
大昕之治史方法，在西洋，亦為頓克莫母森之著史立點[6]。

　　傅斯年的這兩篇重要論述史學研究旨趣的文章，充分呈現他「史學即史料
學」的觀點。然相對而言，沈剛伯在 1968 年的〈史學與世變〉一文，是因為
1968 年史語所四十週年所慶，沈應當時所長李濟邀請所作的專題演講。他一方
面肯定史語所繼承歐陽修以來，直到清朝的治史的風氣；另一方面也認為史語
所採用西方十九世紀以來的史學方法，如在重建殷商歷史的成績超越古人，並
為未來的史學開闢新的途徑。然而除此之外，沈剛伯認為史學的撰寫是與世變
息息相關，是以史學是不可能與社會脫節的，故在這演講中沈剛伯接著指出，
在史語所成立的時候，世界潮流已經變動了，但是當時尚未明顯，可是後來潮
流變化越來越大，所以第一次大戰所盛行的史學已難完全適用，而新的史學卻
又未能確實成立，這是史學界所遭遇到的大困難，這裡隱含著對史語所的新漢
學考證學風未能跟上時代，並與社會脫節的研究有所批評之諍言。尤其對於史
語所秉持著傅斯年對於擴大史料的蒐集，以及擴大研究知識工具的史學研究傳
統，沈剛伯則認為史料的蒐集與鑑定都是無法求其完備，這自然使得史學很難
成為純粹的科學。另外如史學所運用的輔助學科考古學、人類學、社會學、經
濟學、統計學、心理學等，它們到目前本身的科學的基礎仍然沒有確立，故我
們引用它的理論，未必是百分之百可靠。本身史料既不夠詳實，所用工具又欠
缺精確，所以沈剛伯認為我們現在無法使人類的歷史同自然界的歷史一樣，成
為一門完全信而有徵的科學[7]。從中可知，沈剛伯與傅斯年的史學研究觀點顯然

6　傅斯年，〈「史料與史學」發刊詞〉，《傅斯年全集》，第 4 冊，頁 356。

7　沈剛伯，〈史學與世變〉，《沈剛伯先生文集(上集)》（臺北：中央日報，1982），頁 63-75，尤其
　　是頁 70-71、74。

有所距離的[8]，故在臺大歷史系的教學方針中，沈剛伯提出要講求用「史識」以補考據的不足[9]。而長期以來雖然傅斯年為主的新漢學風格，在戰後臺灣史學研究中是佔有重要的地位，但沈剛伯的史學觀點也一直有其現實存在的空間，另一位在臺灣史學界有著重要影響的錢穆，亦是強調史學與現世結合的觀點，此與沈剛伯觀點是相合的[10]。

　　而從臺大就讀時期，林毓生就認為，當時臺大歷史系雖號稱是結合著過去大陸時期北大、清華與中央大學三校史學系教授的菁華，惟當時課程及師長的工作主要是考證史實為主，絕大部分是相當瑣碎的[11]，故文學院歷史系的課程及研究顯然仍是在近代中國傅斯年「史料學派」的籠罩之下[12]。如林毓生其中

8　對沈剛伯與傅斯年「新漢學」學風差異與交涉關係，細緻的討論可參見杜正勝兩篇論文，〈史語所的益友沈剛伯〉，收錄於杜正勝、王汎森主編，《新學術之路》（臺北：中研院史語所，1998），上冊，頁 423-440；〈史學的兩個觀點——沈剛伯與傅斯年〉，《新史學之路》（臺北：三民，2004），頁 157-173。兩篇文章除註解方式及極少數用語略有不同外，其餘內容基本上是相同的。

9　沈剛伯，〈從百餘年來史學風氣的轉變談到臺灣大學史學系的教學方針〉，《沈剛伯先生文集(上集)》，頁 81-85。許倬雲也曾回憶當時在臺大歷史系沈剛伯的上課，實在是在做「史論」的工作，參見許倬雲，〈師恩永念——沈剛伯師週年祭〉，《江心現明月(二)》（臺北：三民，2004），頁 627-628。故在史學研究中放進「史論」，自然是傅斯年新漢學史料學派所反對的，惟透過「史論」方能發揮史學某種經世的社會功用，這正符合林毓生對史學研究的期待。

10　錢穆早年雖然以《劉向、劉歆父子年譜》、《先秦諸子繫年》的新漢學考證史學聞名，並得以進入當時主流新漢學的北京學術圈，為傅斯年所賞識，但是後來他漸漸強調史學應與時代結合的史學的社會功能之觀點，於是寫成《國史大綱》決心從史學中求得「歷史智識」，終於與胡適、傅斯年新漢學的主流學術圈分開。詳細的論述，參見王汎森，〈錢穆與民國學風〉，《近代中國的史家與史學》（香港：三聯書店，2008），頁 210-270。另外 1960 年代以後，錢穆在臺灣學術界與史學界的影響日漸顯著，其凸出的標誌就是錢穆的《國史大綱》，從那時候以來常被各校歷史系用作大一的通史教材，於是其思想影響可說是潛移默化、細久長遠，相關的討論可參見王晴佳，《臺灣史學 50 年：1950-2000》（臺北：麥田出版社，2002），頁 38-42；另有關胡適、傅斯年所代表的「史料學派」在臺灣的影響，參見王晴佳此書，頁 27-38。

11　林毓生，〈五十年代臺灣的政治環境與殷海光先生對我的影響〉，《聯合報副刊》，1994 年 10 月 17 日，37 版。

12　「史料學派」主要是指以史料的蒐集、整理、考訂與辨偽為史學研究的主要任務，基本上假定歷史事實是百分之百的客觀，可以通過科學的考證而還原到「本來面目」。對於中國近代「史料學派」的學術歷史功過，參見余英時，〈中國史學的現階段：反省與展望〉，《史學與傳統》（臺北：時報，1997 二版三刷），頁 2-6。另外眾所周知，傅斯年影響深遠的「史學即是史料學」的主張，參見傅斯年，〈歷史語言研究所工作之旨趣〉，《傅斯年全集》，第四冊，頁 253-266。傅斯年文中所言

的一位老師勞榦(勞貞一)[13]，向來與傅斯年的學術關係密切，也是走傅斯年的學術路向[14]，故基本上，當時臺大歷史系的學風，即是屬於傅斯年「史料學派」的新漢學治學風格[15]，當時臺大歷史系這種學術風格，對於林毓生研讀歷史的目的：主要是找出中國病根的基本所在，而具有「史學」應與「現實」有所交涉的理念，是背道而行的[16]，這也造成林毓生當時是疏離臺大歷史系的考證學風。

史學研究的性質，基本上是實證主義的看法，主張史學研究工作在自覺的層面上是要反對疏通、解釋的工作，直接讓史料自講話，證明歷史。然而在實際的史學作品上，則是很難擺脫史學的解釋這一層面，如在傅斯年的《性命古訓辨證》一書而言，據史學家許冠三指出此書「簡直可說是一個『矛盾的統一』體，釋字與疏義各卷前後竟判若出諸二人之手。在上卷，『二重證據法』與語言門徑的配合，幾乎到了天衣無縫的地步。通過數量空前的各類材料的歸納與對比，他非但充分發揮了客觀比較法的科學效用，證明了『性』『命』二字的原訓及含義的初步演變，而且不辨自明地顯示了語言門徑的卓越性能。可是中、下兩卷，通常只見大段大段的疏解和議論，他似乎已完全忘卻了〈旨趣〉所標榜的『證而不疏』原則」，參見許冠三，《新史學九十年》（臺北：唐山出版社，1987），上冊，〈第七章 傅斯年：史學本是史料學〉，頁226。

[13] 丘慧芬編，《自由主義與人文傳統：林毓生先生七秩壽慶論文集》（臺北：允晨文化，2005初版），一書中丘慧芬的〈前言〉，頁6。

[14] 勞榦在傅斯年過世後不久後的回憶文章中就說過，傅斯年創辦中研院史語所，把過去英雄式的才子崇拜一掃而空，並將乾嘉漢學不夠實證的地方也修訂不少，並推動考古學和人類學，將其帶向實事求是的途徑，參見勞榦(貞一)，〈紀念孟真先生〉，收錄於胡適等著，《懷念傅斯年》（臺北：秀威資訊科技，2014），頁199。；同時勞榦極為肯定傅斯年的〈歷史語言研究所工作之旨趣〉文中對歷史研究的路向規劃，並且舉出二十多年來，在傅斯年所領導的這條新學之路的具體成績，他說傅斯年所創辦的中研院史語所及其學術路徑是「在這整二十二年中，決定了一個中國歷史學研究的新方向，奠定了一個中國歷史學研究的新基礎。我們相信這條道路，是唯一的歷史學研究的康莊大道」，參見勞榦，〈傅孟真先生與近二十年來中國歷史學的發展〉，《大陸雜誌》，第2卷第1期，1951年1月，頁7-9。

[15] 1950年代之後，在臺大歷史系早期教授之中，最主要的陣營是受傅斯年影響下的史料考證學派，表現這種學術門徑的有姚從吾、勞榦、方豪、夏德儀、吳相湘等人，其中尤以姚從吾與傅斯年關係最為密切，在治學風格上，可說是同其精神，有關1950-1970年代臺大歷史系的學術風格，可參見陳若水，〈臺大歷史系與現代中國史學傳統（1950-1970）〉，《臺大歷史學報》，第45期，2010年6月，頁117-154。林毓生的各種文章中似乎未曾提及是否上過姚從吾的課，惟同屬史料考證學派的姚從吾、勞榦的史學風格，必然對當時林毓生就讀的臺大歷史系之學風產生關鍵性的形塑作用。

[16] 林毓生，〈殷海光先生對我的影響〉，《殷海光・林毓生書信錄》，頁18。

從近代中國史學的發展來看，以考證史實為主的歷史研究風格，是近代中國胡適、傅斯年以來影響中國史學研究最重要的學派，尤其是傅斯年所領導開創的中央研究院歷史語言研究所學風。然林毓生基於一種對現實政治的關懷，是以他對傅斯年這種「史學即是史料學」的新漢學，以及受其影響的 1950、60 年代臺大歷史系的學風，自然會有所不滿[17]。所以也造成對現實政治關懷至深的殷海光成為林毓生的精神導師，雖然殷海光並不是一位歷史學者。

總的而言，林毓生在臺大時期，除了殷海光在西方自由主義方面給予林毓生思想啟蒙，以及歷史系的沈剛伯教了林毓生一些西方的自由民主的制度和歷史外，實際上臺大歷史系的考證學風並未帶給林毓生真正的影響，林毓生終其一生的學術研究取向是走「不以考據為中心目的之人文研究」[18]。從近代中國史學史來觀察，1920、30 年代，「史料學派」所形成的「新漢學」風格，其新的解釋風格是：學術研究是一回事，信仰又是一回事，簡言之，是「價值」與「事實」的分離，尤其是傳統的義理價值與歷史事實的分離[19]。這種風格一直延續到中研院於 1949 年之後遷移到臺灣南港的中研院和臺大歷史系的學術風格。而林毓生雖然出身於臺大歷史系，但是對於重考證取向而輕義理價值人文關懷的史學「新漢學」風格，顯然是取徑不同的。可以說在臺大歷史系就讀時期，林毓生受到沈剛伯與殷海光的影響至鉅：如沈剛伯認為史學研究要關注社會脈動的取向；以及殷海光公共知識分子的「議政」精神。殷海光專業雖在哲學而不是史學，但因為殷海光獻身於 1950、60 年代臺灣現實政治之關懷，並因

---

[17] 林毓生對於傅斯年的「史學即是史料學」的看法雖然並不同意，但他也客觀公允地指出，傅斯年在中國古史研究中具有重要貢獻的論文，實際上來自不遵守自己的話的探索衝動，亦即是傅斯年的古史研究，並不是採用他讓史料自己說話，不作「主觀」詮釋的工作。只是林毓生認為傅斯年那種帶有十九、二十世紀實證主義的話，若變成職業的風氣，甚至用來衡量史學研究正當性的時候，就難免產生自我設限的後果，參見林毓生，〈人文與社會研究發展芻議〉，《中國傳統的創造性轉化（增訂本）》，頁 482。

[18] 林毓生，〈不以考據為中心目的之人文研究〉，《思想與人物》(臺北：聯經，2007 二版二刷)，頁 263-275。

[19] 王汎森，〈價值與事實的分離──民國的新史學及其批評者〉，《中國近代思想與學術的系譜》（臺北：聯經出版公司，2003），頁 377。這篇重要的史學論文對 1920、30 年代中國的新史學趨向有詳細的討論分析，全文見該書頁 377-462。

此為國民黨整肅致不能在臺大授課，這種公共知識分子的精神，實際上正繼承著中國傳統「士」的議政精神。故林毓生耳濡目染其師沈剛伯與殷海光的學術精神，是以在史學研究上，亦不可能走上純粹考證的路向，反而他的史學研究體現著一種「史學與世變結合」的精神風格，也就是在學術研究中往往是具有對現實政治與社會的人文關懷。

(二)林毓生與殷海光：自由主義思想的啟蒙與邏輯實證論

林毓生早年學術思想的發軔過程中，在他本科的歷史系中，大概只有沈剛伯對他有所影響，另外即是哲學系的殷海光對林毓生一生思想大方向的形塑產生了巨大的啟蒙作用。臺灣1950到1970年代最著名的自由主義學者之一，即是當時《自由中國》雜誌的主筆、臺柱殷海光。殷海光在大陸時期就讀西南聯大，此時受到重要的邏輯專家知名學者金岳霖的影響，來到臺灣之後，在臺大任教時，殷海光就展現一種西方式對知識追求的理知精神，同時殷海光一貫他邏輯實證論的學術立場。邏輯實證論作為純學術研究，本來是中性的，不涉價值問題，本身也沒有任何政治意涵，但殷海光卻把邏輯講成使頭腦不受專制散布的愚昧與虛偽所矇騙的利器。在當時國民黨威權統治時期，殷海光在《自由中國》雜誌發表諸多評論時政的文章，其中很多涉及對蔣介石國民黨威權統治的批判，可說他是以一個知識分子的力量幾乎扮演著反對黨的角色。而此種道德的熱情及具有西方理知的求知精神，深深地影響著1950年代到70年代臺灣青年知識學子的思想，其中包含著林毓生。在現存殷海光與友人門生的書信錄中，其中以與林毓生的書信往返是數量最多者，並且單獨出版為《殷海光·林毓生書信錄》[20]。

---

[20] 這本書信錄《殷海光‧林毓生書信錄》，至少先後曾經有過六個版本，在臺灣出版的是1981年的獅谷出版社、1984年的臺北遠流出版公司，及2010年國立臺灣大學出版中心；在中國大陸出版的是1994年的上海遠東出版社、2008年長春市的吉林出版集團（重校增補本），及2016年中央編譯出版社（重校增補本）。由中國大陸及臺灣的出版社在橫跨這麼多年的時間，一再出版這本兩人書信

　　在這本兩人的書信中，起自 1957 年林毓生在大學三年級暑假時所寫，終於 1969 年殷海光過世之年，可見從大學開始，一直到殷海光離世，林毓生都視殷海光為他最重要的思想導師[21]，林毓生說：「我的思想取向，從大學時代受到殷先生的啟蒙，開始服膺理知的自由主義以來，至今一貫未變。這一點我想是可以告慰先師在天之靈的」[22]是以林毓生一生以思索多元的自由主義在中國及臺灣實現何以那麼艱難的問題，就成為他學術生涯最中心的工作，並且也讓他很早就確立自由主義的思想方向。然而因為殷海光的專業係在哲學，且秉持邏輯實證論的立場，是以林毓生早年也在受殷海光的影響下，投身於邏輯實證論的學術立場。如林毓生曾提及當時殷海光鼓勵學生閱讀羅素，提倡邏輯與語意學，所以在他大二那年，除了閱讀二、三本英文邏輯與語意學教本外，並曾細讀大小十本羅素的著作，當時在同學之中竟被認為是羅素「權威」。且在大二暑假結束之前，決定翻譯「羅素自選集」(*Selected papers of Bertrand Russell*)中的「導言」，後來並經過殷海光細心修訂，代為送給《自由中國》半月刊編輯委員會評審，通過後發表在該刊第 15 卷第 3 期(1956 年 8 月 1 日)，這是林毓生生平發表的第一篇作品，並得到豐厚的稿費，後來並用稿費訂購了海耶克的 *The Road to Serfdom*(到奴役之路)[23]。

....

　　錄，更可見學界對其重視及其蘊含某些近代臺灣學術史發展的意義。而從這本書中可知，殷海光在學術的討論上與林毓生的緊密互動，雖然後來林毓生不再走殷海光的邏輯實證論的學術研究取徑，且對於實證論頗有批評，但正如林毓生所言：「殷先生一生思想探索的意義，並不在學院層次上的理論細節。他以真誠的生命投入思索的工作，其道德資源與道德想像力不斷促使他認真地吸取失誤的教訓，並力求自我改進，最後終於從浪漫的激越落實到以自由主義大方向、大原則為根基的啟蒙工作，並以他那震撼人心的道德熱情來推動這一啟蒙工作」，參見林毓生，〈殷海光先生對我的影響〉，收錄於《殷海光‧林毓生書信錄》，頁 34。

[21] 殷海光 1969 年過世之後，留有遺孀夏君璐女士，然 2013 年 11 月 20 日(美西時間)殷師母過世，林毓生仍為文悼念、懷念殷師母夏君璐女士，在文中仍可見林毓生終其一中對殷海光深切感念的真摯情懷，參見林毓生，〈高貴靈魂的一生——悼念、懷念殷師母夏君璐女士〉，《聯合報副刊》，2014 年 4 月 11 日，D3 版。

[22] 參見林毓生，〈翰墨因緣念殷師〉，《思想與人物》，頁 475 。

[23] 林毓生，〈五十年代臺灣的政治環境與殷海光先生對我的影響〉，《聯合報副刊》，1994 年 10 月 18 日，37 版；林毓生，〈翰墨因緣念殷師〉，《思想與人物》，頁 473。林毓生共翻譯了羅素的兩篇文章：〈羅素自述〉、〈中國與西方文明之比照〉，皆收錄於《思想與人物》書中，頁 477-485；487-498。

實際上殷海光當時在臺大的影響力很大，尤其是他的理想主義的精神，透過他獨特的言談風格、犀利的思想文字，很快就吸引年輕學子的眼光。總的而言，林毓生早年大學時期，在學術層面受到殷海光兩個面向的影響，一是自由主義的思想，二是邏輯實證論的思想。

但這一學術立場，在後來林毓生赴美國芝加哥大學社會思想委員會留學後，受到閱讀西方經典的影響，最後使得林毓生遠離殷海光的邏輯實證論的學術立場[24]，同時在受到海耶克的自由主義思想的濡染下，在自由主義的大方向上雖仍然秉持殷海光的精神，但在對自由主義思想內涵的理解上，則漸漸與殷海光有所不同，這點後文中將會進一步加以分析。同時林毓生到美國之後的思想轉變，透過與殷海光的書信往返論學，也相當程度影響著殷海光，1962 年 6 月 4 日殷海光致函林毓生，信中說：

> 毓生老弟！我不是老早說過，你是我的小天窗之一！幾乎你每次的來信，不僅給予我以學術方面的 information〔資訊〕，而且給予我以新的刺激，新的提示。……你每次來信，我總是閱讀不下三次，希望每一次從裡面發掘一點新的玩意。同時，抱著「美味不可獨食」的心情，盡可能地把你的信給來訪的青年友好閱讀，讓他們也好分享一點新的刺激[25]。

---

[24] 林毓生在芝加哥大學研讀時受到西方經典的訓練，尤其是海耶克的奧國主體性社會科學方法論及韋伯的新康德學派社會科學方法論的匯合，對他的治學方向與方法產生決定性影響，於是漸漸擺脫在臺大所受的邏輯經驗論（實證）論的學術立場。參見林毓生，〈試圖貫通於熱烈與冷靜之間——略述我的治學緣起〉，《聯合報副刊》，1996 年 5 月 4 日，41 版。林毓生曾提及殷海光多年來提倡邏輯不遺餘力，而他自己現在則主張不應過分提倡邏輯（當然也不應該故意加以排斥），對邏輯實證論所謂「科學方法」的迷信要去除，相反的我們要特別注重根據對相關問題具體的了解而作的實質思維。林毓生進一步指出因為邏輯與「科學方法」所能接觸的只是形式問題，如果我們對問題本身沒有具體而實質的了解，一個人無論邏輯如何精通，往往會根據對問題片面的了解加以演繹，自然要犯形式主義的謬誤，參見林毓生，〈翰墨因緣念殷師〉，《思想與人物》，頁 473。

[25] 〈殷海光致林毓生函〉，《殷海光·林毓生書信錄》，1962 年 6 月 4 日，頁 91。因為殷海光與林毓生的書信錄有多個版本，本書除非特別註明，基本上係採用最新 2010 年臺大出版中心的版本。

又 1968 年殷海光給在美國的他的學生張灝函中也說：「毓生最近來一長信。內中談到『人文學』的種種，有些見解之深廣，使我心靈為之震動。這算是新年到的最佳禮物。[26]」

在美國留學的幾年知識增長，已經使得林毓生所秉持的學術思想與內容已經與殷海光有所不同，但是在精神與道德的層面，殷海光仍然深深地影響著林毓生。殷海光曾自命為「五四後期人物」的人[27]，濡染了五四浪漫的啟蒙精神[28]，然而如林毓生所指出，殷海光的專業是邏輯與分析哲學，這必須在極端冷靜的心情下鑽研的，但是殷海光經常處於道德憤怒與純理追求的兩極所造成的「緊張」的心情中，是以他的專業學術自然不易獲致重大的學術成就。殷海光一生中提倡科學方法、對中國傳統做全面的攻擊，實際上都源於他的道德的熱情，是以他的成就是在道德，而不是學術。[29]道德層面的影響，有時比學術來得更大，殷海光在臺灣戰後《自由中國》時期，一方面宣揚、提倡自由主義精神、思想；另一方面力行以一個人扮演著類似反對黨的角色，力抗國民黨的威權體制，他與大陸時期胡適的自由主義精神，先後輝映，此對林毓生而言，是一種具體人格的典範。

殷海光另一大弟子張灝曾歸結殷海光對年輕一代學子的一個重要影響，就是替當時年輕一代與現代早期知識分子傳統建立一個精神橋梁，並重建五四思想的道路。而他所開拓的這條路，自由與民主的理念是最重要的指標[30]。

----

[26] 〈殷海光致張灝函〉，收錄於潘光哲編，《殷海光書信錄》（臺北：臺大出版中心，2011），1968 年 1 月 8 日，頁 281。

[27] 殷海光，〈《海光文選》自敘〉，收錄在林正弘、潘光哲、簡明海等編，《殷海光全集 16：書評與書序(下)》（臺北：臺大出版中心，2010.5），頁 567。

[28] 殷海光晚年的「病中語錄」中曾說過「我是五四後期的人物(Post-May-Forthian)，正像許多後期人物一樣，沒有機會享受到五四時代人物的聲華，但卻遭受著寂寞、淒涼、和橫逆。」，參見陳鼓應編，《殷海光最後的話語：春蠶吐絲》（臺北：遠景，1980 三版），頁 69。

[29] 林毓生，〈殷海光先生一生奮鬥的永恆意義〉，《思想與人物》，頁 309-322。

[30] 張灝，〈殷海光與中國知識分子──紀念海光師逝世三十周年〉，《時代的探索》，頁 239。

　　張灝這裡所談的「現代早期知識分子傳統」，即是指五四時期知識分子的傳統，而這一傳統，包括知識啟蒙的理性層面，同時也包括知識分子關懷國家、社會的入世精神。殷海光承繼五四這一精神，並將它延續在臺灣，使得原本與中國五四運動關涉不多的臺灣，也在臺灣燃起了五四精神，讓臺灣的青年知識分子同時濡染了五四的精神[31]。林毓生在美國的博士論文以研究五四時期的知識分子陳獨秀、胡適與魯迅的反傳統思想為主題，這恐怕正是殷海光的五四精神風華的影響。

　　林毓生因為從臺大時期即經常向殷海光問學，殷海光可說是林毓生的思想啟蒙導師，而殷海光的自由主義的立場自然也影響著林毓生，雖然從現在所留下的史料看來，林毓生並沒有從事過任何的實際政治活動，[32]不過林毓生對於臺灣總懷著一份公共的關懷。眾所周知，殷海光在當時《自由中國》雜誌的評論文章，曾引起國民黨蔣氏政權的不滿，雷震事件雖然並沒有直接牽涉到殷海光，但國府當局早就對殷海光的思想言論極為不滿，據《臺大哲學系事件調查報告》指出，在《自由中國》的時期，國府當局主要的敵人是雷震與殷海光，迫害殷海光的方式是用一個叫李英濤的內線，說曾受殷海光與胡學古慫恿去暗殺蔣中正父子。當時臺大校長錢思亮並不是國民黨員，也頗能盡力維護學校的尊嚴，抵抗當局「把殷海光趕出校園」的壓力。於是國府當局對殷迫害的方式改為「聘請到教育部任職，光拿薪水不做事都可以」，但被殷海光拒絕。最後則剝奪所謂「思想有問題」的殷海光接觸學生任教，並由錢思亮向殷海光言明

----

[31] 林毓生曾提及 1953 或 1954 年之際：「那時在臺大歷史學系讀書，因為學校圖書館看不到五四時代的期刊與著作，而我當時對『五四』的一切卻極感興趣；所以，一有空便清早去和平東路搭中央研究院的交通車到南港史語所圖書館呆一天。…隨便翻閱外面看不到的《新青年》、《新潮》等期刊，一天下來覺得生活得很豐富。」參見林毓生，〈論梁巨川先生的自殺——一個道德保守主義含混性的實例〉，《思想與人物》，頁 198。這裡可以看出林毓生的五四情懷是在大學時期即已深深種下，當是殷海光把它帶給林毓生、張灝…等這些青年學子的。

[32] 二十多年前，筆者曾經有一次機緣當面聽林毓生先生提及，他要去美國留學時，政府當局還曾經派了軍方的情治人員到機場去監視他，情治人員之所以有此舉動，應該就是將林毓生視為是殷海光的同路人所致。

這是最後一張聘書(1969-1971)，其實之後的臺大哲學系事件，也可以說是迫害殷海光的延伸[33]！

在殷海光受到國民黨政府逼迫他離開臺大之時，此際的他又罹患胃癌，當時正在美國的林毓生也在金錢上和人力上給予殷海光支持[34]，這除了因他與殷海光的師生情誼外，也基於受到殷海光對自由主義思想的闡釋、提倡的啟蒙精神，以及身體力行用言論來為臺灣，爭取自由主義理想，這一公共關懷之偉大精神感召所致。殷海光有形的身體，雖然在 1969 年 9 月 16 日因癌症病逝，但他所賦予當代臺灣自由主義精神的典範與尊嚴，仍留存延續在諸多受到他思想啟蒙的青年學子身上，其中包括林毓生在內。

---

[33] 臺大哲學系事件調查小組，《臺大哲學系事件調查報告》（臺北：臺大圖書館出版，2013.12），頁 23。

[34] 林毓生在 1967 年時致函殷海光提到「至於我們對您的那一點經濟支援，實在是我們分內的事，務請坦然使用，這只能算是救急，不過我們一定會繼續支援，直到有了您所願意接受的工作為止。」，參見〈林毓生致殷海光函〉，《殷海光・林毓生書信錄》，1967 年 4 月 2 日，頁 167。而在殷海光罹癌後，林毓生致殷海光函中也提及「我已寫信給許倬雲、王曾才、王曉波，要求他們一定要使您得到臺灣所有最好的醫療，…，至於醫藥費我們海外的同學絕對可以完全負擔，請千萬不可顧慮，現在先暫時寄上美幣一百元銀行本票一紙。這個月我們大家寄奉的一百七十元和張灝自己加寄的，想必也先此信或與此信同時遞達。」，參見〈林毓生致殷海光函〉，《殷海光・林毓生書信錄》，1967 年 5 月 2 日，頁 169。

三、林毓生學術思想的定型：涵泳於西方學術思想的啟蒙與蘇格蘭啟蒙運動的自由主義

1981 年林毓生在為《殷海光林毓生書信錄》出版所寫的序言〈翰墨因緣念殷師〉文中曾說：「我現在的思想內容與思想方式和殷先生的論著所顯示的，有相當的不同」，[1]而造成如此的差異實際上與林毓生在美國求學，及後來在美國任教自有相當大的關係，下面就針對這點作一討論。

(一)芝加哥大學「社會思想委員會」（Committee on Social Thought）時期的學術訓練

林毓生在臺大時期，顯然在知識領域與思想取向上，基本上都是較為西方取向的，如前所述這與沈剛伯以及殷海光的知識啟蒙，和他個人的思想關懷有關。而這一取向到了美國芝加哥大學社會思想委員會之後更是強化。林毓生在 1991 年曾提及他在思想史研究上，奮戰的思想資源基本上是來自西方的：柏拉圖、康德、韋伯，以及林毓生從學的博蘭尼（Michael Polanyi）、海耶克、阿潤德（Hannah Arendt）、席爾思（Edward Shils）、史華慈諸位西方學者[2]。而這些思想資源都是林毓生在芝大社會思想委員會時期，從他所閱讀的經典訓

---

[1] 林毓生，〈翰墨因緣念殷師〉，《思想與人物》，頁 473；同時見《殷海光・林毓生書信錄》(臺北：遠流，1984 再版)，書中的林毓生，〈翰墨因緣念殷師(代序)〉，頁 4。

[2] 林毓生，〈關於《中國意識的危機》──答孫隆基〉，《二十一世紀》，第 3 期，1991 年 2 月，頁 140。

練，或者是他直接師承的老師而來，從中可知社會思想委員會時期，可以說是林毓生學術思想定型的最關鍵階段。

在學術研究方法上，林毓生受到在芝加哥大學社會思想委員會時期特有的經典閱讀訓練頗為有關，在經典的閱讀中，其中以近代德國社會思想大師韋伯（Max Weber）影響他最深，尤其是他著名的「理念型分析」方法。而後來林毓生選擇以研究中國近代思想史的五四新文化運動「整體性反傳統主義」，作為博士論文題目時，他接受了哈佛大學的史華慈的專業指導與訓練，而史華慈以著比較思想史和世界史的視野，來研究看待中國問題，對林毓生的思想史研究都產生重要的啟發與影響，是以在林毓生的學術研究方法中，以韋伯和史華慈對他學術研究方法有真正的形塑作用。

而在芝大讀書時，海耶克的自由主義思想內涵，以及其所繼承的蘇格蘭啟蒙運動的自由主義傳統，實際上是成為林毓生一生中所持守的自由主義的思想立場，並且超越胡適、殷海光所宣揚的自由主義內涵之深度。從學術研究方法到他自由主義思想的依歸，都是林毓生在芝大社會思想委員會求學時所奠定的，而社會思想委員會其中最重要的學術訓練就是「經典閱讀」。林毓生曾對於這一「經典閱讀」的思想訓練有著詳細的論析，他指出社會思想委員會訓練學生的辦法是由獨當一面、世界性的、在自己專業中已有重大貢獻的一流學者，帶領著學生精讀涵義深廣的經典著作。因為委員會的師長認為，禁得起時間考驗而有超時代的各種經典，一方面展現了對其著成時代之內的具體而特殊的問題深度探索；另一方面，卻又蘊含著對於人類所面對的普遍而永恆的問題，有自成一家之言的看法。而經典閱讀的書單通常包括十五、六部經典。學生們的書單彼此可以不盡相同，但大致都是從柏拉圖的《理想國》以降，大家公認的西方或非西方的文明的典籍，這些典籍通常包括有：除了柏拉圖的《理想國》以外，尚選一兩本其他的《對話錄》、亞里斯多德的《形上學》、《倫理學》或《詩學》、荷馬史詩、希臘三大悲劇家（Aeschylus, Sophocles, Euripides）的悲劇、修西帝底斯底的《比羅奔尼蘇戰爭史》、《論語》、《莊子》、《吠陀書》、聖多瑪（St. Thomas Aquinas）的《神學》、馬基維利（Machiavelli）的

《王權論》、笛卡兒的《論方法》、斯賓諾沙的《倫理學》、洛克的《政府論》、亞當斯密的《國富論》、休謨的《人性論》、盧梭的《民約論》、康德的三大批判、托克維爾（Alexis de Tocqueville）的《美國民主》或《舊政體與法國革命》、艾克頓公爵（Lord Acton）的《自由史與其他論文》、柏克哈特（Jacob Burckhardt）的《義大利文藝復興的文化》、韋伯的《經濟與社會》與《新教倫理與資本主義精神》、涂爾幹（Emile Durkheim）的《宗教生活的初級形式》、莎士比亞的四大悲劇、托爾斯泰的《戰爭與和平》、杜斯妥也夫斯基的《卡拉馬助夫兄弟們》、史坦道爾（Stendhal）的《紅與黑》等等，上述西方典籍是了解西方現代文化的基礎，它們也是構成我們對西方人的瞭解所需之知識的核心。

　　林毓生進一步提及這系裡還有一項帶有「知識貴族」的氣息，與眾不同的規定，書單上不可包括自己將來專業領域之內的經典著作。 因為自己領域中的典籍，系裡已經假定學生早晚是要精通的，而且會有自己的系統闡釋，故無需在「基本課程」中接受指導。另外一個理由是：培養青年學子原創能力的主要途徑之一，不是使他儘早變成一個對幾件事情知道很多的學者，而是使他能夠在學術生涯的形成時期（做研究生的頭幾年）產生廣闊的視野與深邃的探究能力。這種視野與能力的培育，不是一開始就讓他侷限在本行的專業之內所能達成，而需使他切實進入與他的專業沒有直接關係的經典著作之內，其視野會很自然地越過他的專業領域，變得開闊。

　　林毓生透過蘇格蘭啟蒙運動思想家博蘭尼（Michael Polanyi）知識論的分析，更具體地說明這種學術思想訓練的意義，因為經典中精微的深思與開廣的觀照，對學生影響是受用不盡的。博蘭尼區分人的意識為明顯自知的「集中意識」（focal awareness）和無法表面明說，在與具體實例時常接觸以後經由潛移默化而得到的「支援意識」（subsidiary awareness）。人的創造活動是這兩種意識相互激盪的過程，但在這過程中，「支援意識」所發生的作用更為重要。博蘭尼說：「在支援意識中可以意會而不能言傳的知的能力是頭腦的基本力量」，學生研讀經典著作時自然容易對這些著作所提出的問題與解答問題的論式產生相當深刻的認識，也會學會一些艱深而涵蓋廣的問題的內容及其解答的方式。

如果他在「集中意識」中發現自己研究的題目與某部（或幾部）精讀過的經典有直接的關係，那麼他可與這部（或幾部）經典界定問題、處理問題與探究答案的內容與方式參照，以便使得自己所研究的問題獲得更完善的答案。但更重要的是與具體經典相接觸的過程是一個能使自己「支援意識」在潛移默化中增進靈活性與深度的過程。當研讀經典時，經典的內容是自己「集中意識」的一部分，但當自己專心研究自己的問題，而這個問題表面上與過去所研讀的經典並沒有直接關係的時候，當初與研讀經典有關的那部分「集中意識」便已轉化成為「支援意識」的一部分。而「支援意識」越豐富之下的研究工作就比較容易深入。而閱讀經典，即使後來對當初所研讀的經典的內容細節已不能逐步復記，但自己的「支援意識」則仍與之息息相關。具體地說，受過這種教育的人，在自己的研究過程中不容易接受一般或流行的看法，在這種資源比較豐厚的探索中，只要鍥而不捨的努力，是比較可能達成有深度的原創思想的。[3]

　　林毓生對於社會思想委員會所規定的經典閱讀的訓練，最後則選擇了自由主義的原典、韋伯的《新教倫理與資本主義的精神》、《社會學論文集》，以及莎士比亞的悲劇與杜思妥也夫斯基的文學巨著，作為他的經典閱讀書單[4]。

　　林毓生曾自述對於這份「基本課程」的書單，其中的自由主義的原典和韋伯的著作原本就是他亟想閱讀的西方典籍，然除此之外，卻還需包括古希臘的典籍和西方文學的典籍的安排，這原本讓他心中產生排斥感，因為他從殷海光那裏得到摻雜著科學主義色調的邏輯經驗論的偏見，仍在心中作祟，當時認為應該盡量汲取現代社會科學的研究成果，如此才能使將來的研究更「科學」，而當時認為文學作品是以主觀的情緒語言表達作家的感受，對於立志追求客觀真理的人而言，不大可能有什麼助益。至於古希臘著作，對於當時林毓生想找尋自由主義何以在中國失敗與馬列主義之所以在中國成功的根本原因，且非常

---

[3]　以上有關芝加哥大學社會思想委員會這一特有的經典閱讀思想訓練，主要引述自林毓生，〈一個培育博士的獨特機構：芝加哥大學社會思想委員會──兼論為何要精讀原典〉，《思想與人物》，頁293-306。

[4]　林毓生，〈試圖貫通於熱烈與冷靜之間──略述我的治學緣起〉，《聯合報副刊》，1996 年 5 月 3日，41 版。

關心自由主義在中國未來發展的可能以及如何發展問題而言，畢竟太遙遠。而當時林毓生只認為西方自由主義所蘊含的典章制度與思想文化，是十七世紀以來發展出來的東西，所以想集中時間在此研究而不想浪費功夫在幾千年前古老的著作上。然而等到林毓生接觸到杜斯妥也夫斯基的《卡拉馬助夫兄弟》後，就被書中所蘊含的，關於神、自由、理性，與人類是否能夠承擔自由的討論所吸引，並且後來投注精力在閱讀莎士比亞的三部悲劇：《哈姆雷特》、《李爾王》與《奧賽羅》，從初閱讀時難以理解，到後來卻能對《奧賽羅》的悲劇意義有所心得，並且受到授課老師葛桂恩(David Grene)在林毓生所寫的《奧賽羅》學季論文上，針對全文的論旨及許多細節，寫了許多密密麻麻的評論以及不少獎勵的話。[5]

後來在林毓生的〈從公民社會、市民社會與「現代的民間社會」看中國大陸和臺灣的發展〉及〈「創造性轉化」的再思與再認〉文中，可以看到林毓生在論及古代希臘的城邦（polis）與公民社會（civil society）等問題時，展現出細緻而精微的歷史與思想的論述深度[6]，這應與林毓生在社會思想委員會所受到研讀古希臘著作的經典思想訓練有關。[7]

而林毓生在文學上的閱讀，與其他中國思想史研究的學者成學過程較為不同，然而這一文學閱讀的思想訓練，正如林毓生後來所言，「一部偉大的文學

---

[5] 林毓生，〈試圖貫通於熱烈與冷靜之間——略述我的治學緣起〉，《聯合報副刊》，1996 年 5 月 3 日，41 版。

[6] 林毓生，〈從公民社會、市民社會與「現代的民間社會」看中國大陸和臺灣的發展〉，《中國激進思潮的起源與後果》，頁 10-11；林毓生，〈建立中國的公民社會與「現代的民間社會」〉，《中國時報周刊》，1992 年 4 月 5-11 日，頁 58-59，林毓生前文是在 1992 年的後文的基礎上增訂而成；以及林毓生，〈「創造性轉化」的再思與再認〉，《中國激進思潮的起源與後果》，頁 57-63。

[7] 大概源於在社會思想委員會的古希臘經典作品的思想訓練，這後來也改變林毓生原本對古希臘作品無興趣的態度。而實際少為人知的，林毓生曾經在 1967 年尚在芝大就讀時，就在臺灣商務印書館王雲五主編的「增訂小學生文庫」中，撰寫了通俗易懂、雅俗共賞，介紹古希臘時期的文化和三大哲人蘇格拉底、柏拉圖和亞里斯多德思想的讀物，參見林毓生，《希臘三哲》(臺北：臺灣商務印書館，1967)。其實林毓生的思想史研究論著在討論到西方政治、社會思想史時，也經常會涉及古典希臘羅馬時期的思想與文化，畢竟那是西方文化的源頭，而社會思想委員會的希臘古典經典的訓練，讓林毓生在西方思想源頭的相關希臘、羅馬的論述，仍然呈現相當高的知識水平。

作品往往是對於一個時代所發生的具體而特殊的震撼的反應，並由此而激發出來的對於人文現象（愛、恨、生、死、美、醜、神、宇宙、自然等等）具有內在緊張性的、多層面的、特殊而複雜的看法」、「論式與陳述的語言不易展現具體的人文現象，而文學的語言能夠展現具體的人文現象」、「在文學作品中，人文現象的具體展現特別能刺激與引發讀者的想像力與設身處地的『同一之感』（empathy）」。[8]是以林毓生頗能運用文學作品呈現的豐富意義來探究一個時代人文現象的真正性質，[9]在他的著作中最成功且重要的文學作品運用是在他的《中國意識的危機》中的第六章〈魯迅意識的複雜性〉、論文〈魯迅思想的特質〉、〈魯迅政治觀的困境──兼論中國傳統思想資源的活力與限制〉、〈魯

---

[8] 林毓生，〈中國人文的重建〉，《思想與人物》，頁34-35。

[9] 林毓生對於文學的閱讀與作品的評價，基本上是從思想的角度出發，而非文學藝術的視角切入。他認為「文藝的中心關懷在追尋人生之意義與指引人生之意義」，某種程度上，他是有種傳統中國「文以載道」的思想，所謂「詩言志」的傳統，是以他頗能欣賞臺灣重要的寫實鄉土作家黃春明的作品：如〈看海的日子〉、〈兒子的大玩偶〉、〈小琪的那頂帽子〉、〈青番公的故事〉、〈蘋果的滋味〉、〈莎喲娜啦・再見〉等作品所展現人性尊嚴與社會關懷的作品。他也對於二十世紀許多文學作品所反映的浮躁、疏離、虛無、玩世不恭等精神失落的現象，並不欣賞，故他能感動於鍾理和文學作品所蘊含著他與妻子鍾臺妹那種源於「天人合一」的中國人文精神，參見林毓生，〈鍾理和、「原鄉人」與中國人文精神〉及〈黃春明的小說在思想上的意義〉，皆收錄於《思想與人物》，頁371-384、385-396。其實林毓生這一方面的文學評價與品味是與「現代主義」文學作品描寫人內在的幽微、黑暗、虛無與疏離的美學層面頗有距離，是以他對夏志清在《中國現代小說史》中把魯迅貶低，把張愛玲抬高是不能同意的，參見〈王元化、林毓生對話錄〉，收錄於樂黛雲、錢林森等主編，《跨文化對話(第 24 輯)》(南京：江蘇人民出版社，2008.12)，頁 90。畢竟張愛玲書寫很多中國傳統父權社會家庭之下，經傳統禮教文化扭曲的個人之內在幽微、黑暗的層面，她挖掘很多人性的幽暗面，是很具有「現代主義」文學風格的作品，那已經超越了中國傳統文學的「鴛鴦蝴蝶派」的限制，有其特有的文學藝術價值。而實際上「現代主義」文學作品對於二十世紀臺灣的文學影響至鉅，從余光中、洛夫、楊牧、七等生、郭松棻、劉大任、白先勇、王禎和、陳映真、施叔青……諸多文學大家皆受「現代主義」的思想與美學思維的重大影響，可以說「現代主義」思潮對於臺灣及世界文學的藝術性及深度的提升，是文學評論家普遍的認知，參見陳芳明，《臺灣新文學史》(臺北：聯經，2011)，上冊，〈第十三章 橫的移植與現代主義之濫觴〉及〈第十四章 現代主義文學的擴張與深化〉，頁317-344、345-382；以及陳芳明，《現代主義及其不滿》(臺北：聯經，2013)。其實林毓生以著深刻的思想史的訓練來探討文學作品的歷史意義與特性，時見他觀點的精銳與啟發性，然而對於整體文學的研究與美學意義，他論點的視野就有其侷限之處。

迅個人主義的性質與含意——兼論「國民性」問題〉[10]。這些論著使得林毓生與李歐梵的《鐵屋中的吶喊》一樣，在魯迅學的研究領域中成為研究經典及學術重鎮。[11]

　　而在社會思想委員會時，他研讀自由主義的經典部分，主要是接受海耶克的帶領去精研穆勒、托克維爾以及海耶克本人的著作[12]，而海耶克所承繼的蘇格蘭啟蒙運動的自由主義傳統，後來成為林毓生形塑他自由主義思想的歸宿，這點後文會再詳論。

[10] Lin Yü-sheng(林毓生),*The Crisis of Chinese Consciousness: Radical Antitraditionalism in the May Fourth Era*（Madison：University of Wisconsin Press,1979），pp.104-151.以及林毓生，〈魯迅思想的特質〉，《政治秩序與多元社會》，頁 235-252；〈魯迅政治觀的困境——兼論中國傳統思想資源的活力與限制〉，《政治秩序與多元社會》，頁 253-276；〈魯迅個人主義的性質與含意-兼論「國民性」問題〉，《二十一世紀》，總第 12 期，1992 年 8 月，頁 83-91。

[11] 林毓生與李歐梵(畢業於臺大外文系)皆曾受業於史華慈，而他們的魯迅研究都能從文學作品中挖掘魯迅思想的豐富涵義，且在汗牛充棟的魯迅學中成為最具原創性與深刻性的論著。惟李歐梵係文學研究專業出身，較能從文學研究及文化史的視角來探究魯迅文學的藝術特質，惟因為有思想史的訓練，李歐梵的魯迅研究，也頗能從近代中國革命思潮的歷史脈絡中來探究魯迅文學在政治層面所蘊含的歷史意義，參見李歐梵，《鐵屋中的吶喊》(香港：三聯書店，1991)。林毓生與李歐梵皆從臺灣的大學受教育出身，曾處於 1980 年代之前臺灣對魯迅的研究和閱讀的禁忌之中，是以他們能擺脫臺灣與中國大陸政治化詮釋魯迅的視角，而去開拓、還原魯迅的真實形貌，更是難能可貴。惟兩人著重之處頗有不同，林毓生特別重視挖掘魯迅的思想及其在現代中國政治思想、文化上的複雜涵義，而李歐梵則承繼其師夏濟安〈魯迅作品的黑暗面〉重要論文以來，試圖突破在中共詮釋下魯迅的為人民、社會獻身的革命積極的一面，而去還原實際上魯迅亦有個人內心深處的複雜性。如果所周知，魯迅舊居的樓下會客室是放有較具社會意義的畫(油畫「讀吶喊」、剪紙和木刻「太陽照在貧民窟上」)，但二樓上他的臥室中則放著三張以女人為主題的木刻，而且其中兩幅還是裸體的女人(蘇聯一幅「拜拜諾瓦」(畢科夫作)，德國兩幅——「入浴」和「夏娃與蛇」，作者不詳)，樓下與樓上的畫在情調上呈現顯明的對比，故李歐梵研究指出魯迅於公於私、在社會和個人兩方面存在了相當程度的差異和矛盾，如果說魯迅為公、為社會的這條思想路線上逐漸從啟蒙式的吶喊，走向左翼文學和革命運動的話，那在個人內心深處，甚至個人的藝術愛好上，魯迅並不那麼積極，那麼入世，甚至還帶有悲觀與頹廢的色彩，李歐梵的分析極為深刻與原創性，參見李歐梵，〈魯迅與現代藝術意識〉，《當代》，第 18 期，1987 年 10 月，頁 12-29。毫無疑問的，從臺灣歷史來觀察，在臺灣日治時期，曾有賴和、楊逵、呂赫若、龍瑛宗、王詩琅等重要文學家閱讀並受到魯迅的影響，但戰後國府撤退來臺灣後，魯迅就變成禁忌。曾幾何時，葉石濤、陳映真等作家因閱讀魯迅及左翼的文學作品和刊物，而遭到逮捕入獄，1980 年代以後，林毓生與李歐梵的魯迅研究面世正標誌著臺灣學術、文化界的思想戒嚴的結果，這是特別有重要意義的學術思潮的轉變。有關魯迅與臺灣新文學的關係多篇研究論文，可參見中島利郎編，《臺灣新文學與魯迅》(臺北：前衛，2000)。

[12] 林毓生，〈海耶克教授〉，《思想與人物》，頁 344。

從林毓生的中、英文著作中可知，他到美國芝加哥大學社會思想委員會讀書之後，受到經典的思想訓練，他的思想內容與思想方式，與在臺大受殷海光邏輯實證論的影響有很大的不同。如 1957 年在大學時期他寫給殷海光的信中，提及頗為欣賞 Clyde Kluckhohm 的文化相對論[13]。但後來到芝大的社會思想委員會受到經典閱讀思想訓練，並且在研讀博蘭尼（Michael Polanyi）的著作後，就發現 Clyde Kluckhohm 的淺薄。另外林剛到美國時，在寫給殷海光的信中，動輒對卓有成就的西方社會科學家冠以「大師」的頭銜，這反映林毓生當時頗受西方社會科學所提出種種的「系統分析」所震懾的心情。但隨著時間，林毓生在芝大逐漸讀了一些哲學、文學、神學與傾向人文的史學書籍，發現現代西方社會科學因為受到其基本假定的限制，對人間事物的了解實在是有限的。[14]於是林毓生的學術思想傾向就漸漸地有所改變。

實際上林毓生在芝大社會思想委員會讀書後，在思想上有諸多的這些改變，這透過他時常寫信給殷海光報告學習狀況的信函，從中可知道林毓生思想轉變的軌跡。

甫到芝加哥大學社會思想委員會第二年，他對於系上給予讀書和研究的絕對自由感到適意，惟獨對系上一項規定 Fundamental Exam，考學生在一個範圍內選擇的西方文化的典籍，感到不適應，是以在 1961 年 4 月 3 日林毓生寫信給殷海光說到：

> 初來時，因為急於要學 social psychology〔社會心理學〕和 social theory〔社會理論〕，抱持著一種找尋現成的方法和理論來解決許多心中問題的企圖，對於 Committee〔委員會〕這項 Fundamental Exam 的規定，頗感到很不適合自己的讀書計畫，尤其是要讀許多文學的

[13] 林毓生當時認為 Clyde Kluckhohm 能旁徵博引，堅持「文化相對價值」的看法，覺得這個概念應該普遍被一般知識分子所接受，且當我們有了這個概念，心胸自然開闊，思想自然靈活，行為自然穩健。參見〈林毓生致殷海光函〉，《殷海光‧林毓生書信錄》，1957 年 9 月 8 日，頁 41。

[14] 林毓生，〈翰墨因緣念殷師〉，《思想與人物》，頁 474。

作品，更覺得不對胃口。經過半年時間，現在覺得從前那種急功好
利的想法是很淺薄的，這些典籍實在是西方文化最具代表性的 raw
materials〔素材〕，比後人的 interpretations〔解說〕更重要得多，是
我們對西方文化有了解興趣的人所必需的。……我已從 Hayek〔海耶
克〕讀了 Tocqueville,Mill's On Liberty 以及他本人去年出版的大著，
The Constitution of Liberty。海耶克先生是一位典型德奧貴族式的學
者，貨色甚硬，腦袋非常有力。……

我整個的計畫是把 sociological theories〔社會學理論〕和
anthropological theories〔人類學理論〕弄通，其次從海耶克先生把自
十七世紀以來 British Liberalism〔英國自由主義〕以及相關的其他許
多問題弄清楚。[15]……

從信中可知原本在殷海光所提倡邏輯、科學方法的籠罩下，林毓生仍信仰
「方法論」的重要性，但經過社會思想委員會的思想訓練後，林毓生對「方法」
的看法已有所改變，於是在同年(1961)的 12 月 24 日給殷海光的信中又說：

蓋西方大史學家中主張不能應用科學方法或科學方法之應用只能在
最粗淺階段者，亦大有人在。寫到這裡，有點閒話：現代史家除了
有些怪人以外，大部分在做研究時 implicitly or explicitly 用您所列舉
的 hypothesis, induction,deduction ＋ explanation,但這只是 common
sense 的用法，只是一種 crude form of scientific method。我想史學的
研究因其本身 subject matter〔題材〕的限制，在應用 scientific
method 方面的前途，並不太 prosperous〔興旺〕。自然科學的發展最
主要的因為有數學的幫助，假若，社會科學能有像數學那樣的工具

[15] 〈林毓生致殷海光函〉，《殷海光‧林毓生書信錄》，1961 年 4 月 3 日，頁 51-53。

之對自然科學那樣，則社會科學發展自然也就會很快，社會科學中
經濟學最 reliable，還不是因為能應用數學在它的研究上！[16]

　　這時候林毓生對於所謂的「科學方法」應用於史學研究中的限制，已經有
很成熟的識見，毋寧可以說林毓生的思想意識，漸漸擺脫在臺大時期所受到殷
海光邏輯實證論的實證主義思維的影響，而能體會到人文研究的具體特性和內
涵為何。

　　而在這同封信中林毓生同時表達了對周策縱《五四運動史》一書的評價，
其中談及：

例如周策縱的五四運動，……document 非常好，但因為他沒有政治
思想與社會思想的背景，又沒有很敏銳的分析能力，該書只不過是
一整理極好的材料書而已。[17]

　　林毓生批評周策縱的書缺乏思想分析的深度，認為此書在文獻、材料上是
頗為完備的，但毋寧更像「史料學派」的作品風格，而這一批評的標準，自然
也允為林毓生治史所懸的標準。而芝加哥大學社會思想委員會的經典閱讀，正
好提供他思想上最好的錘鍊，後來他所寫成的《中國意識的危機》正就是在具
備更深的思想分析下的上乘之作，實際上林毓生後來成學之後的思想史研究，
也大致上都是以著深刻的政治思想和社會思想，及敏銳複雜的思想分析來研究
歷史。

　　在社會思想委員會讀書時期，林毓生讀了海耶克的 *The Constitution of
Liberty* 一書之後，1962 年 4 月他致函給殷海光覺得此書是海耶克畢生研究自由
主義的精華，且他認為此書：

---

[16] 〈林毓生致殷海光函〉，《殷海光・林毓生書信錄》，1961 年 12 月 24 日，頁 73-74。

[17] 〈林毓生致殷海光函〉，《殷海光・林毓生書信錄》，1961 年 12 月 24 日，頁 75-76。

立論之嚴謹，思想之周密，包羅之廣博，與辨析之有力，恐怕自洛克以來無任何人能出其右。海氏在西方自由思想史的地位自《到奴役之路》建立基礎，至此書之出版，似有前越古人，後無來者之勢。我剛來芝大苦讀這本書的時候，就覺得他一氣呵成的 argument 逼人得很，讀完之後，覺得觀念為之有系統地清理了一遍，腦筋自然地產生了一個 working frame of reference，自此以後應用自如。回頭讀 Locke, Hume, Acton, Mill, Tocqueville 時，反而覺得他們一麟半爪，雖然各有所見，但所見者似乎沒有不被海耶克吸收消化用現代語言重新有系統地報告過的。

也是因為閱讀過海耶克的著作之後，在這同封信中，林毓生說：

下一學年我可集中精神跟他弄歷史與科學的方法和它們相互的關係，否則便很難找到最理想的導師了。我最近讀書，思想有個新境界，願意向您報告一下。從前我對 methodology〔方法論〕有一項迷信，認為弄學問必先把方法搞好，這面固然是受到了 logical empiricism〔邏輯經驗論〕的影響，另一方面更是因為看到「新亞書院型」的糊塗蟲因為對方法學不了解，以致搞出自欺欺人的謬論的強烈 reaction〔反應〕。事實上，事情並不是這麼機械，學問絕不是應該把方法學學「完」以後再弄的，方法學如能學「完」，也並不能一定使人成為大學者。[18]

這些當時留下來的第一手史料，可看出林毓生思想重要的變化軌跡，自然可以對林毓生何以從殷海光邏輯實證論的學術觀點，重視邏輯、方法論的立場，後來超越邏輯實證論的限制，而進入實質具體的人文研究中而有所理解。林毓生自述他在社會思想委員會研讀西方哲學、政治思想、思想史、社會理論中的

---

[18] 林毓生致殷海光函〉，《殷海光・林毓生書信錄》，1962 年 4 月 25 日，頁 81、83-84。

典籍，很快地把他從邏輯實證論的形式思維中提升出來[19]。正可說明在芝大這段求學過程，對他學術思想的形塑作用。

綜觀林毓生史學研究的特色，在當代華人史學家中，他確實在史學研究中，是較具哲學、思想思維的取向，這應是在大學時期受到殷海光哲學、思想的啟蒙有關，然而更重要的時期是他在美國芝加哥大學社會思想委員會所受到的思想與知識的錘鍊，這可以說是真正定型林毓生的學術思想與精神的地方。

(二)林毓生與海耶克（F.A.Hayek）

有關林毓生受到海耶克的影響，早在他於臺大就讀時即已開始。林毓生大二下學期結束之前，因為受到殷海光推崇羅素的影響，於是決定翻譯《羅素自選集》中的〈導言〉，後來譯成後並刊登在《自由中國》雜誌上，他所得到的稿費則拿去訂購一本原版海耶克的 *The Road to Serfdom*(《到到奴役之路》)一書，當時之所以會想購讀海耶克的書閱讀，主要是因為殷海光在 1953 年 9 月到 1954 年 10 月曾經在《自由中國》雜誌上陸續發表 *The Road to Serfdom* 的中譯。[20]林毓生在 1954 年秋季進入臺大後，曾經看過幾期舊的《自由中國》上刊載的殷海光的翻譯，當時感覺殷海光的譯文，十分清晰、暢達。文中有時加入「譯者的話」與「譯者按」，借題發揮，常對中國幾十年禍國殃民的左右政治勢力的批評與譏諷，林毓生當時覺得十分鏗鏘有力，他透過殷海光的譯文，接觸到海耶克的自由哲學，雖然殷海光的翻譯存在些問題，並不能忠實呈現海

---

[19] 林毓生，〈試圖貫通於熱烈與冷靜之間──略述我的治學緣起〉，《聯合報副刊》，1996 年 5 月 3 日，41 版。

[20] 臺灣已故重要的胡適研究學者張忠棟之研究指出，從 1951 年冬天起，殷海光、張佛泉、徐道鄰等人每兩星期在周德偉家聚會一次，討論反共思想問題，由於周德偉的建議，殷海光開始閱讀並且翻譯海耶克的《到奴役之路》，從此徹底改變殷海光的思想，尤其對於海耶克自由主義思想對於社會主義計劃經濟的批評，更是讓殷海光拳拳服膺，參見張忠棟，〈胡適與殷海光──兩代自由主義者思想風格的異同〉，《自由主義人物》（臺北：允晨，1998），頁 30-31。實際上海耶克對共產主義、社會主義的經濟政策所提供深刻的學術批判，對於殷海光正好找到他反共的理論根據。

耶克自由主義思想的全貌，[21]但也讓林毓生感受到海耶克自由哲學的深刻、精微，而有系統，且比羅素的思想深刻得多，這種下了林毓生想從學於海耶克門下的遠因。[22]

因為對照之前林毓生看了羅素的原文著作之後，又看了海耶克的《奴役之路》，以及殷海光的翻譯，他發現羅素不是個思想家，而是個數學家，思想非常通俗性，當時林毓生就有一個夢想，若將來能從學像海耶克這樣有思想的自由主義大師，那就是他的願望了[23]。

故在殷海光譯作的《到奴役之路》的啟發下，林毓生的自由主義的思想傾向，除了更加確定外，同時對自由主義思想的內容及其複雜性，有了更進一步的認識。而等到去美國芝加哥大學社會思想委員會讀書時之後，在海耶克的指導下閱讀海氏的著作和其他自由主義的經典著作，就更加對海耶克折服。可以說林毓生從年輕時在芝大社會思想委員會讀書時，即宗奉海耶克的自由主義及其思想傳統的來源：蘇格蘭啟蒙運動的政治哲學。如 1961 年 7 月 15 日時，他寫信告知殷海光：

---

[21] 林毓生曾指出，殷海光的翻譯，大部分暢達而精確，不過當海耶克的論點與殷海光的關懷沒有直接關係的時候，殷海光也有越過段落未譯的情形。另外，有的地方，只能算是意譯。最後五章則未譯，當林毓生把海耶克的原文為主，殷海光的譯文為輔，對照著看的時候，他覺得殷海光的「譯者的話」與「譯者按」雖然有時見解甚為犀利，但也有喧賓奪主，發揮得離題太遠的情況，參見林毓生，〈殷海光先生對我的影響〉，收錄於《殷海光・林毓生書信錄》，文中的註解 5，頁 28-29。其實殷海光對於林毓生所指陳的這些問題，自己也意識到了，所以當文星書店 1965 年 9 月 25 日根據《自由中國》連載的譯文，發行《到奴役之路》單行本時，殷海光在該年 9 月 14 日所寫的譯文〈自序〉中，就表達此書是意譯、節譯，並說此書只能說是《到奴役之路》的「述要」，而且他也覺得《到奴役之路》經過他的「述要」，於不知不覺之間把自己的激越之情沾染上去，這和海耶克的肅穆莊嚴是頗不調和的，對於這點，他感到慚愧，認為應該向海耶克致歉，參見海耶克著，殷海光譯，《到奴役之路》(臺北：臺大出版中心，2012.8 初版四刷)，一書中的殷海光譯文〈自序〉，頁 5-6。

[22] 林毓生，〈五十年代臺灣政治環境與殷海光先生對我的影響〉，《聯合報副刊》，1994 年 10 月 18 日，37 版。

[23] 林毓生，〈我的學思歷程〉，《Google/共識網》，發行日期，2010/01/20，http://www.21ccom.net/articles/lsjd/article_20100120972.html (瀏覽日期 2014/09/20)。

青年人歡喜新奇，但，paradoxically enough〔能夠弔詭或悖論地是〕
他們處處卻傾向 conformity〔與別人一致〕，言談，舉止，衣著不用
說，即使思想上，也表現著清一色的「統一」。就拿同學們對海耶克
先生的理論的看法來說吧，大多數可謂抱著不加深思的反對態度，
少數贊成的同學，似乎也覺得不「合」時代潮流，感到很不安，所
謂 intellectual courage〔理知的勇氣〕，moral courage〔道德的勇氣〕
在這裡可說是很難找到的了！美國現在的 liberalism〔自由主義〕正
是海耶克這種 liberal〔自由主義者〕所痛切反對的 collectivism〔集
體主義〕，這種 intellectual climate〔思想的氣候〕倒很像三十七、八
年的北平知識界！[24]

在 1965 年給殷海光的信中，林毓生也指出：

我覺得海氏對自由主義最大的貢獻，第一是：給自由主義以 social
theory 做基礎(指出 social process〔社會的過程〕中 the results of
human action but not of human design〔人們行為的結果，而非人們有
意的設計〕的許多特徵，換句話說，即指出健全文明進展的特徵)。
第二是：指出法律與個人自由的關係，為何在法治之下，人有個人
自由，否則便沒有個人自由，而 the Rule of Law〔法治〕的基本特性
都是什麼？[25]

　　而投入到海耶克的門下，林毓生的表現，據 1965 年與海耶克見面的殷海光
所言，海耶克對林毓生的印象是頗為深刻的。[26]

----

[24] 〈林毓生致殷海光函〉，《殷海光‧林毓生書信錄》，1961 年 7 月 15 日，頁 58-59。

[25] 〈林毓生致殷海光函〉，《殷海光‧林毓生書信錄》，1965 年 12 月 15 日，頁 148-149。

[26] 〈殷海光致林毓生函〉，《殷海光‧林毓生書信錄》，1965 年 11 月 10 日，頁 146。

　　1965 年之際，林毓生已經大致上已能掌握海耶克所代表的蘇格蘭啟蒙運動自由主義傳統的精隨：歷史是演化而成的，而非如法國啟蒙運動的自由主義所主張的是人為思想的有意設計。這一社會、政治思想，實際上就是林毓生極為重要的思想資源，使得他得以站在比較思想史的視角去觀照中國傳統儒家政治觀的困境，以及現代中國知識分子，如胡適、魯迅、殷海光如何受到儒家政治思想的影響，以至於造成在現實中推動自由主義的困難(如胡適、殷海光)和何以在政治上左傾共產黨(如魯迅)。

　　而林毓生對於海耶克的自由主義的思想核心，特別重視自動自發的秩序之形成其與法治的辯證關係，他在論著中很多處都一再重述這段最能代表蘇格蘭啟蒙運動自由主義的理論要義：

　　　　人們的社會行為的秩序性呈現在下列的事實之中：一個人之所以能
　　　夠完成他在他的計劃中所要完成的事，主要是因為在他的行動的每
　　　一階段能夠預期與他處在同一社會的其他人士在他們做他們所要做
　　　的事的過程中，對他提供他所需要的各項服務。我們從這件事實，
　　　我們很容易看出社會中有一個恆常的秩序。如果這個秩序不存在的
　　　話，日常生活中的基本需求便不能得到滿足。這個秩序不是由服從
　　　命令所產生的；因為社會成員在這個秩序中只是根據自己的意思，
　　　就所處的環境調適自己的行為。基本上，社會秩序是由個人行為需
　　　要依靠與自己有關的別人的行為能夠產生預期的結果而形成的。換
　　　句話說，每個人都能運用自己的知識，在普遍與沒有具體目的的法
　　　治規則之內，做自己要做的事，這樣每個人都可深具信心地知道自
　　　己的行為將獲得別人提供的必要的服務，社會秩序就這樣地產生
　　　了。這種秩序可稱之謂：自動自發的秩序 (spontaneous order) ，因
　　　為它絕不是中樞意志的指導或命令所能建立的。這種秩序的興起，
　　　來自多種因素的相互適應，相互配合，與它們對涉及它們底事務的
　　　及時反應，這不是任何一個人或一組人所能掌握的繁複現象。這種

自動自發的秩序便是博蘭尼所謂的：「多元中心的秩序(polycentric order)」。博氏說：「當人們在只服從公平的與適用社會一切人士的法律的情況下，根據自己自動自發的秩序。因此，我們可以說每個人在做自己要做的事的時候，彼此產生了協調，這種自發式的協調所產生的秩序，足以證明自由有利於公眾。這種個人的行為，可稱之謂自由的行為，因為它不是上司或公共權威(public authority)所決定的。個人所需服從的，是法治之下的法律，這種法律應是無私的，普遍地有效的。[27]

　　從中可知道林毓生對自由主義的思想是用很繁複而精確的語言來做表述，自然脫離實證主義的思維風格，而且了解何以蘇格蘭的自由主義傳統，堅持不只主張「政治自由」，同時也堅持「經濟自由」的學理論辯依據，這自然是對社會主義的「計畫經濟」所以不贊同之處，然蘇格蘭的自由主義所主張的自由，有一重要的前提，亦即是公平的「法治」的建立，方能達成真正自由的獲得與實踐。是以歷年來，林毓生在中國與臺灣提倡自由主義的民主制度建立時，他反覆論辯「法治」的重要性。[28]。這些都可以看出林毓生終生所奉行的自由主義思想，是受到海耶克深刻的影響。

　　另一方面海耶克更是帶有西方「知識貴族」的精神，林毓生說他是「屬於歐洲古老精神傳統」的人，是一個內心熾熱，具有強烈道德熱情的人。然而他卻是那樣地自制，那樣地與周圍的一切保持距離，而且做得那樣自然，不矯揉造作[29]。而實際上林毓生身上亦體現著這種「知識貴族」的氣質。[30]但這種「知

---

[27] 林毓生，〈自由不是解放：海耶克的自由哲學〉，《聯合報‧副刊》，1997年7月2日，25版。

[28] 林毓生在他的著作中，隨處可以看到他論述法治的意義與重要性，這裡舉出一、兩篇文章，以概其餘：林毓生，〈法治要義〉，《政治秩序與多元社會》，頁99-105；林毓生，〈論民主與法治的關係〉，《思想與人物》，頁423-435。

[29] 林毓生，〈一個知識貴族的殞落──敬悼海耶克先生〉，《聯合報副刊》，1992年5月1日，47版。

[30] 筆者多年前曾幾次去聽林毓生先生的演講，會後請教林先生問題時，感覺林毓生對知識的追求探討是有種道德熱情的人，他與任何不同身分、地位的人論學，都同樣展現出一種認真決不敷衍的態度。

識貴族」的氣質，並沒有讓海耶克成為學院象牙塔內只做純學術研究的學者，不關涉現實。相反的，海耶克身上正呈現熱烈關懷人類命運的偉大人文精神。在海耶克所處的時代，人類文明所面臨最大的挑戰是受法國啟蒙運動笛卡兒「理性建構主義」影響下所形成的實證主義，以及計劃經濟的共產主義。然海耶克一生中如《到奴役之路》、《致命的自負》所呈現的正是他對這種挑戰所帶來種種危機的人文關懷精神，他所肯定的是保有康德所稱的人是不可化約的價值，「諸目的的王國」的對人性尊嚴肯定的純正自由主義，並全力以最深廣的知識去批判造成自由主義遭到蒙蔽的各種思想障礙。海耶克這種將個人關懷與學術研究結合的精神，實際上亦影響著林毓生。

當 1963 年林毓生正在為博士論文到底是繼續研究發展他在芝大讀書時所引發興趣的西方思想史的課題，還是要選擇研究中國的課題作為博士論文時的兩難境況時，他去請教海耶克開導迷津，海耶克則告訴林毓生他自己的經驗供林參考。他說自己自從 1918 年第一次世界大戰結束後，從位於義大利的奧匈帝國的前線撤退，相當艱苦地返回維也納父母家中，然後進入維也納大學攻讀以來，這四十多年中，他所有的著述都直接或間接與自己的個人關懷(Personal concerns)有關。他並強調個人關懷並不蘊涵個人必然要受自己的偏見影響，因為畢竟他是在追求知識，個人關懷與知識的追求，事實上不但不互相衝突，而且是相互為用的。而思想立場上，海耶克的知識論是不贊成實證主義的。且海耶克一向是推崇博蘭尼的哲學思想，他感覺博蘭尼的《個人的知識》(*Personal Knowledge*)一書是深具洞見的[31]，尤其是博蘭尼對西方實證主義的批評，因為在海耶克看來那是對西方文明與學術研究造成很大的負面影響。[32]是以海耶克的

---

[31] 林毓生，〈試圖貫通於熱烈與冷靜之間──略述我的治學緣起〉，《聯合報副刊》，1996 年 5 月 5 日，41 版；林穎鈺、余帛燦、尤智威記錄整理，林毓生校訂，〈衣帶漸寬終不悔‧知識貴族的公共關懷──林毓生教授訪談錄〉，《臺大歷史系學術通訊》，第 5 期，2009 年 11 月，頁 2-3。

[32] 此處博蘭尼《個人的知識》*Personal Knowledge* 所批評實證主義的地方是指其將「主觀」與「客觀」絕對對立起來的觀點。亦即是在實證主義的理解中，學術研究必須是純粹客觀的，也可以做到絕對客觀，故不能有任何個人的主觀的思想與偏見於其中。但是根據博蘭尼的知識論的論辯，在人文社會科學領域不可能是「主觀」與「客觀」截然二分的，人文社會科學研究必然含有個人主觀的關懷與自身所受的學術傳統的影響，其實是主觀與客觀交融在一起，甚至連所謂科學的研究，在某些

學術研究與社會關懷結合的精神，以及在學術上反對「實證主義」的思想立場，這帶給林毓生學術精神很重要的引導與形塑作用。

是以林毓生在海耶克的影響下，更強化了他一生的學術論著擺脫了中國史學傳統中繁瑣的「為考證而考證」的史學，並形成「不以考據為中心目的之人文研究」風格，將個人關懷與知識追求、學術研究結合起來；並且迥異於深受實證主義、與十九世紀德國語文考證學派與乾嘉學派影響下的近代中國「史料學派」的實證學術取向。這都可以看出林毓生呼應其師海耶克的學術精神。

而在個人情誼上，林毓生從 1960 年到芝大後，即連續六年獲得專屬由海耶克推薦的獎學金，使得他可以安心循序接受西方社會與政治思想的教育並攻讀博士學位，在這期間，並曾於 1964 年得以返臺赴中研院史語所半年，一邊蒐集論文資料，一邊服侍他父親的病；後來在 1965 年上半年得以赴史丹福大學胡佛圖書館繼續閱讀與蒐集論文資料，並於那下半年到達哈佛大學跟隨史華慈問學並接受他的論文指導，林毓生說這些之所以可能，都是海耶克長期支持之所賜[33]。是以在私人情誼上，海耶克對林毓生學術研究上的提攜，也是林毓生所深深感念的。

方面的創造，實際上是相當主觀的。在西方思想史的發展中，因為受到法國笛卡兒理性觀的影響，致滑落成主客二元對立的思想發展，後來造成實證主義思想的興起，對這些西方思想史的論說，最為精采的文章，可參見林毓生，〈中國人文的重建〉及〈什麼是理性〉，皆收錄在《思想與人物》，頁 3-55；57-86。

[33] 林毓生之所以能夠回到臺灣及到胡佛圖書館蒐集資料，並從芝加哥大學社會思想委員會到哈佛大學跟隨史華慈問學並撰寫論文，主要是由海耶克向 Relm Foundation 推薦授與林毓生獎學金，期間的學程安排係由社會思想委員會的乃孚(John U. Nef)教授與哈佛大學東亞研究中心主任費正清教授，在徵得史華慈的同意後，所做的妥適安排，參見林毓生，〈一位知識貴族的殞落——敬悼海耶克先生〉，《聯合報副刊》，1992 年 5 月 1 日，41 版；林穎鈺、余帛燦、尤智威記錄整理，林毓生校訂，〈衣帶漸寬終不悔‧知識貴族的公共關懷——林毓生教授訪談錄〉，《臺大歷史系學術通訊》，第 5 期，頁 4。

(三)韋伯（Max Weber）的理念(想)型的分析方法之影響

　　林毓生研讀韋伯著作很多年，而這基本上也是受到芝加哥大學社會思想委員會的學術風氣所影響。林毓生 1999 年 5 月 6 日在北京大學社會學人類學研究所作了有關韋伯的學術報告，其中有段白述說：

> 我為什麼對韋伯特別有興趣呢？原因很多。就我自己的分析，我認為中國文化方面基本模式是一元式的，政教合一，以思想文化解決問題。這是我自己的一些研究結論。韋伯也認為中國文明基本上是一元的，所以我就要參考一下他的思想。我過去對韋伯關於西方的說明做了相當多的研究，因為我的老師輩都非常重視韋伯。比如，阿倫特——一個非常傑出的政治思想家，在一本書中說：西方文明變成今天這樣，當然有個歷史的過程。西方文明為什麼變成這樣？是什麼樣的原因使得西方文明變成這樣？它將來蘊含的可能性是什麼？是自我毀滅呢，還是越來越好呢？阿倫特說，從歷史的觀點來了解西方文明的特質，關於這問題，只有韋伯在《新教倫理與資本主義精神》這本書裡提出了對於這個重大問題的相應的重大解答。解答得對不對，可以討論，但是對於西方資本主義的起源、走向以及可能產生的各種問題等重大問題，也就是「以經濟為主導的西方文明中表現出一種歷史性的特性是什麼」，這個問題當然很重大了——作出一個深刻性的回答，只有韋伯這本書。我基本上同意我老師的這句話。

> 我研讀韋伯很多年了，也正是芝加哥大學社會思想委員會這樣一種學術氣氛使我覺得韋伯很有意思。我是 1960 年到芝加哥大學社會思想委員會的，當時是秋天，註冊以後，因為一個禮拜後才開課，我就到大學書店去看書。後來碰到幾個朋友，都提到韋伯，我就把韋

伯的書拿來看。我看了幾十頁，大概有二三十頁吧，我全身襯衫都濕了，震動得使我覺得慚愧，慚愧到使我渾身發汗。為什麼？因為我不知道誰是韋伯。我從臺灣來，那時老師告訴我羅素最重要，我就奮發一年念了 10 本羅素的書。自以為了解了西方文化。但是當我到芝加哥以後才發現，對於西方人了解西方最重要的資源之一，我連聽說過都沒有。真是慚愧得無地自容。我為什麼會有這種感覺呢？因為看了二三十頁韋伯的書後，覺得真是深刻。相對來說，羅素就不必上場了，層次太不一樣了[34]。

這段自述已經可以很清楚地說明林毓生與韋伯的因緣，是以林毓生的學術論著中，對韋伯推崇備至，同時也在研究方法上受他影響。在思想史（Intellectual history）研究領域中，林毓生曾用最嚴格的標準認為真正夠份量的經典是韋伯，且與當代西方思想家比較而言，他認為以賽・柏林（Isaiah Berlin）雖然學問淵博、典雅，但分析力不夠有力，而韋伯比較重要的原因是因為他提出的問題比較重要，如西方歷史發展的大問題，資本主義的起源，由不理性的起源到理性的發展，這些問題是動態的，與西方文化關係很大[35]。林毓生受到韋伯著作影響，是以在論證近代中國思想史問題時，問題意識顯得非常清晰，他對論題的選擇，如五四時代整體性反傳統主義、科學主義、文化保守主義、中國知識分子的政治觀等，都是關涉中國文化與現實的重大問題。而在研究方法上，他尤其受到韋伯的「理念（想）型的分析」（ideal-typical analysis）的影響，在他早年博士論文改寫而成的《中國意識的危機——「五四」時期激烈的反傳統主義》就已經使用「理念（想）型的分析」方法去界定陳獨秀、胡適、魯迅在五四時期的激烈的反中國傳統思想為「五四時代整體性反傳統主義」[36]，這一提法曾

[34] 林毓生，〈韋伯論儒家思想的評析〉，收錄於陳永利主編，《未名湖畔大師談.上・演講》(北京：中國人民大學出版社，2017.7)，頁 3。

[35] 參見〈中國思想史研究的前瞻座談會紀錄〉，《漢學研究通訊》，第 4 卷第 1 期，1985 年 1 月，頁 9-10，其中林毓生在座談會的發言紀錄。

[36] 林毓生，〈關於《中國意識的危機》——答孫隆基〉，《二十一世紀》，第 3 期，頁 148。

引起諸多的學術爭論，如與王元化、孫隆基等人的論辯，林毓生為此曾特別撰文回應他的觀點和研究方法[37]。

　　至於何謂「理念（想）型的分析」，林毓生對此有過精審的論述。他舉出因為歷史研究的人世間事情，錯綜複雜，任何一個事件，從不同的觀點看去，可說都有無限多的方面，它是無數的遠因與近因（政治的、經濟的、社會的、文化的、思想的、心理的）千絲萬縷地連接在一起的結果，對任何一個歷史事件的整體，我們能看到的，必然是無限龐雜，難以理清的東西，我們不可能了解事件的所有方面與一切原因，而從我們的興趣與關心的問題的觀點來看，也無此必要，我們只能根據關心的問題注意一個歷史事件的有關方面－這些（而不是所有的）方面之所以被我們注意，是因為我們覺得它們與我們關心的問題有關。然後，我們對這些方面的有關因素加以不同學科的研究。因此，我們的研究，註定是有選擇性的。當我們要探討研究對象之歷史成因的時候，我們是以「從結果追溯起源的方法」（genetic method）把有關的因素連繫在一起的。所以我們在進行系統性分析時，便在有意無意之間或多或少地使用韋伯所謂的「理念（想）型的分析」了。是以「理念（想）型的分析」是：為了展示研究對象某一方面的特性並對其成因提出具有啟發性與系統性的了解，而把一些有關的因素特別加以強調出來加以統合的分析建構。而從邏輯的觀點來看，「把一些有關的因素特別加以強調出來加以統合」而成的分析建構，雖然不能解釋此一事件的整體，卻不必然是此一事件簡單化的解釋。而韋伯在思考「理念（想）型的分析」的性質和涵義時，他心中的對立面是實證主義[38]。

　　對韋伯的研讀是從他在社會思想委員會時期開始，而韋伯在著作中，最重要的方法論即是「理念（想）型的分析」方法，同時韋伯是一位歷史多元論者，

---

[37] 林毓生，〈邁出五四以光大五四──簡答王元化先生〉，《政治秩序與多元社會》，頁 351-371；以及〈關於《中國意識的危機》──答孫隆基〉，《二十一世紀》，第 3 期，頁 136-150。

[38] 上述林毓生對韋伯的「理念型的分析」的說明，主要是綜合引述林毓生下列兩篇論文：〈對於胡適、毛子水、與殷海光論「容忍與自由」的省察-兼論思想史中「理念型的分析」〉，《政治秩序與多元社會》，頁 62-65；以及〈問題意識的形成與理念／理想型的分析〉，收錄在劉翠溶主編，《四分溪論學集──慶祝李遠哲先生七十壽辰》（臺北：允晨，2006），上冊，頁 405-411。

故林毓生從他正式的學術研究以來，他就已經在使用「理念（想）型的分析」的方法對於韋伯分析的風格以及向來他能特別注意歷史現象所蘊含的緊張性，這在我們遍讀林毓生的論著時，亦能感受到林毓生如韋伯的銳利的分析力與著作風格。而林毓生所使用的韋伯理念（想）型的分析方法，可以說是他研究方法中最佔中心位置的，林毓生在 2008 年與王元化對談時，曾說過：

> 反思我自己的思想史研究：雖然我在實際的研究工作中，並沒有自覺地要應用韋伯後期論述「理念型分析」時所蘊涵的方法，於無形中卻反映了那樣的方法。我只是想盡力界定清楚，我觀察到的一個重大、獨特、影響深遠的歷史現象：辛亥革命以後興起的一項強勢意識形態(整體主義的反傳統主義)，並力求系統整理地理解它的確實內容及其歷史根源與後果——這個強勢意識形態當然是 20 世紀中國激進思潮中的主要成分之一。我在面對多層次的複雜問題以及在尋求其解答時所採取的途徑，非自覺地運用韋伯式「理念型分析」，這可能是由於早年在在芝加哥大學社會思想委員會，接受嚴格教育(主要是在師長們的指導之下，研讀韋伯及其他西方思想性典籍)潛移默化的結果。而這樣的「理念型分析」的系統而曲折的涵義，在我的學思經驗中也是一個進展的過程，直到最近七、八年我才能比較完整地展開。[39]

從林毓生博士論文的撰寫到後來修改成書的《中國意識的危機——「五四」時期激烈的反傳統主義》，他所提出的中國近代思想史上一個顯著的歷史現象：五四整體主義的反傳統主義，其實就是用「理念（想）型的分析」方法，[40]儘

---

[39] 參見〈王元化、林毓生對話錄〉，《跨文化對話(第 24 輯)》，頁 83。

[40] 林毓生在答覆孫隆基對他的《中國意識的危機》的批評時，有較完整的對他的思想史研究特質，以及使用韋伯的「理念型的分析」做說明，參見林毓生，〈關於《中國意識的危機》——答孫隆基〉，《二十一世紀》，第 3 期，頁 136-150。

管後來他曾在史華慈的指導下作博士論文的寫作[41]，但從他各種研究著作中所展示的，他最常使用韋伯的「理念（想）型的分析」方法，一直到他一生中最重要的一個主張，要對中國文化傳統進行「創造性轉化」時，他仍以為這是一個多元的開放性過程，在實際運作層面上，它所使用的多元思考模式，蘊含著下列兩個步驟：(一)應用韋伯所論述的「理念（想）型的分析」，先把傳統中的質素予以「定性」；(二)再把已經「定性」的質素，在現代生活中予以「定位」。[42]

而林毓生正如前文提及他並不贊成其師殷海光邏輯實證論以及傅斯年「史料學派」的實證論的觀點，而是選擇並服膺韋伯這種「理念（想）型的分析」的對歷史事件解釋的研究方法[43]。

---

[41] 史華慈那種近於巴斯噶式(Pascal-like)不固定、多元、沉思的途經的治思想史方法，其實是不容易去學習的。林毓生對史華慈自有相當高的學術評價，但也有一定的保留，兩人的研究還是存在某些差異性的，有關林毓生對史華慈思想史學的評析，參見林毓生，〈史華慈（Benjamin I. Schwartz）思想史學的意義〉，收錄於傅偉勳、周陽山主編，《西方漢學家論中國》（臺北：正中書局，1995 初版第三次印行），頁 79-93。

[42] 林毓生，〈中國傳統的創造性轉化〉，《歷史月刊》，1996 年 4 月號，頁 74；林毓生，〈「創造性轉化」的再思與再認〉，《文化中國》，第 3 卷第 2 期，1996 年 6 月，頁 21。

[43] 實際上林毓生約在 2004 年左右起，就一再反覆思考他所理解韋伯 ideal-type 的意義與內涵，他指出韋伯一生中對於 ideal-type 的理解是一進展的過程：韋伯 1904 年在一篇有關方法論的論文中所使用的 ideal-type 的意義（大概是他撰寫《新教倫理與資本主義精神》時期），與後來 1915 年發表的 "Religious Rejections of the World and Their Directions" 中所界定的 ideal-type 的意義是有所不同的，參見〈王元化、林毓生對話錄〉，《跨文化對話(第 24 輯)》，頁 90；林毓生，〈問題意識的形成與理念／理想型的分析〉，《四分溪論學集——慶祝李遠哲先生七十壽辰》，頁 397-399；林毓生主講，詹景雯整理，〈問題意識的形成與理念（或理想）型的分析〉，《中國文哲研究通訊》，第 14 卷第 4 期，2004 年 12 月，頁 5-14。林毓生對這一問題最新看法是在 2017 年左右訪談的修訂定稿中所言：「韋伯講 ideal-type 經歷了幾個階段。最初 ideal-type 是講 generalizing ideal-type。他說 ideal-type 是一種思想的抽象觀念，本身具有烏托邦的特點，與現實不可能吻合，然而了解現實必須通過這樣的觀念，因為這樣的觀念，不能反映現實，卻可以帶領我們去了解現實，看現實與觀念相比有多遠或多近。比如資本主義這個概念，同任何一個資本主義的實際運作一定是有距離的，但是可以充當思想分析的工具。另一種是 individualizing ideal-type」，即用一個 ideal-type 分析一段特殊的歷史，他並沒有說清楚這種 ideal-type 是否烏托邦。」林毓生也特別指出韋伯 1915 年的這篇重要文章，並說韋伯「在《比較宗教》印度部分寫了一段反思，他指出 ideal-type 在某些歷史條件下可以極為重要的方式出現過。我寫完魯迅的分析以後，才真正注意到這篇文章。只有自己的想法發展了，才會注意到以前看過卻忽略的東西。為什麼呢？當你獲得了特別的見識以後，這個見識就反客為主，產生很大力量，帶領

　　而實際上林毓生對於西方近代的思想家之所以至為推崇韋伯，除了韋伯的研究方法外，他也感到韋伯思想的深刻性，乃源於他對於人類感到悲觀(如對西方現代文明的各種危機)，不會陷入一廂情願式的天真所致。林毓生研究指出如在對西方現代性的理解上，從韋伯的視角審視西方的現代性，其最大的特色為：西方文明在工具理性（instrumental rationality）的衝擊之下，正如他所徵引的德國詩人席勒（Friedrich Schiller）所描述的那樣，「世界不再令人著迷」（the disenchantment of the world）。影響西方現代性的最大力量是資本主義。人在資本主義籠罩之下，只有異化一途，實際上早年馬克思，受到黑格爾的影響而形成這項對資本主義病態的理解，確實是看到了真相，但他後來提出解決的辦法，卻是建立在歷史具有進步性的假設以及科學主義的迷信和烏托邦的想像之上。故韋伯認為資本主義所主導的社會，其最大特徵是工具理性有自我推展到極致的內在動力，工具理性愈發達，價值理性（value-rationality）愈萎縮，一切都可用工具理性來處理，人間的活動自然均將物質化、庸俗化與異化了，而韋伯形成的資本主義的異化觀，其所以比黑格爾、馬克思的異化觀，更為深刻，恰恰是因為韋伯認為異化本身沒有自我超越的能力，異化之後只能繼續惡化，這樣的異化最終切斷與「超越」的聯繫，然而人的精神和呈現道德與美的品質的境界與格調，必須與「超越」相聯繫才有源頭活水。而黑格爾與馬克思的異化觀，由於深信「正、反、合」的邏輯，則蘊涵了自我超脫，甚至自我提升的能力，這是韋伯與馬克思對西方現代性反思的差異。韋伯對資本主義所造成的鐵籠的生活是悲觀的，他認為西方現代性的特徵是人間活動極端世俗化

你，推動你，在理念型分析帶領下產生系統解釋。」，參見范廣欣，〈思想與治學的取向和方法：林毓生先生訪談〉，收錄於思想編委會編著，《思想38：「米兔」在中國》（臺北：聯經，2019.09），頁172-173。在中國思想史的研究領域中，林毓生可以數十年精研反覆推究韋伯的 ideal-type 的意義，大概是絕無僅有，但也可以看出他受韋伯影響之深。然據筆者的閱讀研究體會，林毓生的 ideal-typical analysis 同樣與韋伯相似，也是一進展的過程，他恐怕也在不同時期受到韋伯前後期 ideal-type 的影響去做史學研究。而到目前為止，或許林毓生也還沒有完全釐清韋伯 ideal-type 的全部精確涵義，是故他並沒有將〈問題意識的形成與理念／理想型的分析〉和〈問題意識的形成與理念（或理想）型的分析〉這兩篇（兩文大致內容相同，只有一些小差異）顯然是他耗費甚多精神的力作，收錄在他最新聯經公司出版的文集《中國激進思潮的起源與後果》中。

（secularized）了。作為工具的工具理性本身，既然已經變成目的，世俗化的人間呈現的只是各項手段的活動，人的生活失去意義，而這個世俗化轉向的另一個源頭則是笛卡兒唯理主義的浮現，從笛卡兒唯理主義發展出來的自然主義的世界觀在近現代歷史過程中，與資本主義活動高度發展的工具理性合流，逐漸形成極端世俗化的西方現代。[44]

韋伯對於西方現代性的理解至為深刻、複雜，而這實際上也影響林毓生對中國在現代化過程中的各種反思的警惕，除了韋伯反思西方現代性所使用的「工具理性」與「價值理性」的概念影響了林毓生外，韋伯對政治分析所使用的「責任倫理」與「意圖倫理」的概念，也形成林毓生在論述中國與臺灣在發展自由主義的民主制度所面臨的困境之重要思想資源，這點後文再詳論。

總之，林毓生受韋伯的影響至深，在學術論著中使用韋伯的研究方法以及進一步介紹、引入韋伯的學術理念，這在華人的人文學術界是頗具意義的發展。

(四)史華慈（Benjamin I. Schwartz）學術的影響

與當代著名的中國思想史研究大家余英時相較，余英時的學術師承受其師錢穆與楊聯陞影響甚鉅，他們的知識學術根基畢竟與中國傳統史學（尤其是乾嘉漢學）以及西方漢學（sinology）[45]關係密切，此與林毓生較為西化的研究取徑大相徑庭，林毓生在臺灣和美國的求學路徑，實際上是遠於中國傳統的史學

---

[44] 林毓生，〈中國現代性的迷惘〉，收錄在宋曉霞主編，《「自覺」與中國現代性》（香港：牛津大學出版社，2006），頁 3-5。

[45] 西方漢學主要是源自於歐洲，在學術的方法上較接近清代乾嘉學術傳統，重視語言，此與清代學術的「訓詁明，則義理明」的精神相近，只是在方法上更具科學精神的嚴密性，歐洲漢學如法國的伯希和、馬伯樂，瑞典的高本漢，德國的衛禮賢、福蘭閣等皆是重要的學者，有關西方漢學的討論可以參考劉正，《圖說漢學史》（廣西：廣西師範大學，1995）。

傳統[46]。儘管後來投身於史華慈門下，但史華慈出身西方思想史，而非漢學傳統，故林毓生的研究方法並不同於一般西方的漢學。

　　林毓生當時在美國留學之際，美國的中國研究實際上存有「漢學」（Sinology）研究和「中國研究」（Chinese Studies）的兩個研究取徑，傳統的「漢學」研究基本上是重視古典經傳注釋的批判及翻譯，著重文物制度和訓詁文字方面的研究，偏向於中國古典文獻的研究，而這一西方漢學研究典範可說是與中國乾嘉考據之學相近的。而美國漢學起源較晚，最初是由歐洲所傳進，漢學傳統發展背景與歐洲類似，早期的美國漢學只是歐洲漢學的附庸。但五、六十年代美國的漢學研究已逐漸由具有社會科學取向的「中國研究」所取代，而處於邊緣的位置，而美國「中國研究」的典範基本上是走社會經濟史、行為科學及思想史等模式[47]。故史華慈與林毓生大致上皆屬「中國研究」（Chinese Studies）的思想史研究取徑，在治學風格上有其相同精神之處，唯林毓生因出身向來以社會科學和經典閱讀著稱的芝加哥大學，於是在他的論著中，濡染了更多社會科學理論與哲學思想分析的學術風格，是以林毓生相當程度上與傳統漢學是頗有距離的。[48]

......

[46] 林毓生曾說過他到芝加哥大學社會思想委員會頭三年時間(1960-1963)，朝夕沉浸於西方的典籍與選修有關自由主義、人類學與社會學理論的課程以及研讀相關論著，從未在芝大上過中國歷史與文化方面的課程，也很少閱讀中文書籍，中文報章雜誌更是絕少接觸。而西方研究中國思想史的學者，如史華慈與賴文森（Joseph R. Levenson）的著作，林毓生倒是看過幾本。他與史華慈也談過幾次話，史華慈有很強的西方思想史的背景，他在二戰結束後轉入中國研究前，原來是學習法國思想史出身的，是以史華慈有著西方思想史的背景來治中國思想史，這種比較的視野，對林毓生有很大的啟發，參看林毓生，〈試圖貫通於熱烈與冷靜之間——略述我的治學緣起〉，《聯合報副刊》，1996 年 5 月 4 日，41 版；林穎鈺、余帛燦、尤智威記錄整理，林毓生校訂，〈衣帶漸寬終不悔‧知識貴族的公共關懷——林毓生教授訪談錄〉，《臺大歷史系學術通訊》，第 5 期，頁 2。是以林毓生的史學研究與中國近代與傳統史學傳統的學術系譜顯然是有所距離的，或可說林毓生的學術研究風格在當代中國史學界中是較獨特的。

[47] 余英時，〈中國歷史轉型期的知識份子〉，《聯合報》，1991 年 9 月 8 日，第 4 版。

[48] 在現有的文獻中，較少有林毓生對西方的漢學家之評論，不過他給殷海光的信函中，留下兩條史料，殊值玩味。在 1965 年 7 月 27 日信中說：「前些天，此地一中文教員常來聊天，我與彼性格根本不能相容(彼為舊式中國文人，打麻將、喝酒、唱戲，現在臺灣訪問的陳世驤也是這類人)」，參見〈林毓生致殷海光函〉，《殷海光‧林毓生書信錄》，1965 年 7 月 27 日，頁 137；以及在 1967 年 12 月 23 日信中說：「最可嘆的是中國人一到美國，除了能保存幾項國粹(打麻將，看武俠小說)以外，

　　當然基本上林毓生是以近代中國思想史為其研究的重心，惟因為在近代中國思想史課題的研究中，有時常必須追溯中國傳統思想的源頭與演變(如林毓生、張灝的著作常常如此)，而這些必然要觸及傳統漢學經典詮釋或古典文獻訓詁的知識傳統，這自然是中國研究的學者，一般而言要有的基本知識訓練與素養，不過這與具備乾嘉漢學訓詁的專技之漢學素養(如錢穆、楊聯陞、余英時)，畢竟仍有不同。

　　而美國「中國研究」取徑，最重要的奠基者則是被稱為「中國研究教父」的費正清(John King Fairbank)，費正清以其過人的學術行政領導能力為這一新研究取徑奠定驚人的成績和學術傳統，影響至為巨大[49]。而史華慈的思想史研究取徑，基本上也是屬於美國的「中國研究」的範疇。

　　在二次大戰之後，以費正清為首的「中國研究」，一直呈現著蓬勃的發展，而且研究成績確實豐碩。但早先費正清中國研究模式出來時，因為費正清受限於他的中文能力有限，古典漢語程度更差，是故注定他對中國傳統的理解帶有嚴重的片面性[50]。如費正清對中國近代史研究曾提出「衝擊與回應」的理論模

大都欣然『歸化』。保存『國粹』運動以哈佛和柏克萊為大本營，楊陳兩教授講授方塊字之餘，輒率弟子們作方城之戰，據聞頗為自得云〉〈林毓生致殷海光函〉，《殷海光‧林毓生書信錄》，1967年12月23日，頁199。此信中所言當是指在哈佛任教的楊聯陞與在柏克萊任教的陳世驤，楊聯陞與陳世驤向來情誼深厚，此可見楊聯陞，〈石湘沒有死──《陳世驤文存》序〉，收錄於楊聯陞著，蔣力編，《哈佛遺墨──楊聯陞詩文簡》(北京：商務印書館，2004)，頁68-75。從林毓生函中的這兩條史料推究，其實林毓生從臺大歷史系就讀時就受到頗為西化的殷海光的思想及行事風格的影響，到了芝大時又受到「言行有度、自律自節和肅穆莊嚴的偉大學人」海耶克言教與身教的濡染，是以林毓生身上很少有中國傳統文人的流風餘韻。他不打麻將、下圍棋、寫舊詩、寫書法，是很理知型、很西化的現代學人。又以學術層面來觀察，陳世驤的專業主要是中國古典文學研究，雖然林毓生也讀文學作品，但那是透過把文學作品當作史料來追索時代的 special quality〔特殊品質〕，基本上是把它當作思想史研究的材料，與陳世驤從文學賞析的角度探究，在著重點上有所差異，是以陳世驤與林毓生的研究關涉並不多。而楊聯陞的研究是走「訓詁治史」的路徑，實際上雖不是純考證新漢學的研究風格，但卻是與現實政治和社會較少關連的古代中國歷史之研究，此與林毓生希望在史學研究中帶有個人的時代關懷終是隔了一層。有關楊聯陞的史學精神，參見余英時，〈中國文化的海外媒介〉，《猶記風吹水上鱗──錢穆與現代中國學術》(臺北：三民，1995再版)，頁169-198。

[49] 關於費正清創立美國「中國研究」典範的介紹，可參見侯且岸，〈費正清與中國學〉，收錄於李學勤主編，《國際漢學漫步（上卷）》(河北：河北教育出版社，1997)，頁1-82。

[50] 余英時，〈費正清與中國〉，《中國文化與現代變遷》(臺北：三民書局，1991)，頁132-133。

式，這個理論模式曾經在西方的「中國研究」中影響很大，但也受到諸多的質疑，其實傑出的西方中國研究後起之秀柯文(Paul A. Cohen)，在 1984 年的名著《在中國發現歷史——中國中心觀在美國的興起》(Discovering History in China： American Historical Writing on the Recent Chinese Past)，更是仔細分析從費正清以來到賴文森的這一西方中心論的學術研究觀點，基本上是較為忽略中國內部的漸進演變，對於這樣觀點的偏頗，後來美國的「中國研究」就進一步修正為以中國中心觀為研究的取向，而這樣的風格也形成「中國研究」領域新的研究趨向。[51]實際上這些研究上的轉向，諸如史華慈、余英時、張灝、林毓生都對此有過重要的影響。

其實費正清的理論模式之缺失，除了他古典中文不佳所致外，現代化理論中所蘊含的西方中心論，以及將傳統與現代化對立起來的觀念，自是最重要原因之一，這形成費正清史學研究的內在限制，當然也代表著費正清「中國研究」典範的內在限制。

余英時在美國漢學界與中國研究學界教研數十年，對美國這方面的學術動態，至為熟稔。他就指出以費正清為首的美國中國研究典範，基本上是以肯定中國現代革命為起點，而把中國文化傳統看作是現代化的障礙。這一觀點本來是三、四十年代中國左派知識分子所提倡的，但美國學人研究中國史首先便參考這些中文著作，故這些觀點便被暗中繼承了。而這一情形在 1949 年中國的政治變局之影響下，造成美國的「中國研究」又有了新的發展。例如說：把中共極權體制和傳統的專制看成一脈相承；把馬列主義的絕對權威和儒家定於一尊當成是一丘之貉；把傳統的「士」解釋為地主、官僚、紳士的三位一體；以及以西方的政教分離為座標，而說中國自古至今都是「政教合一」等，這些都是從眼前事象出發的態度，使人不能認真的、整體地正視中國文化傳統，他們可說是根據一時之需，選取中國傳統中幾個特別項目作單線的理解。故在這一中

---

[51] 柯文(Paul A. Cohen)著，林同奇譯，《在中國發現歷史——中國中心觀在美國的興起》（臺北：稻鄉出版社，1991），頁 11-67。其中論及賴文森與 1950、60 年代的西方漢學、中國研究的狀況，見頁 73-91。

國研究典範的支配下，中國傳統－特別是儒學傳統、士人傳統、政治和文化的關係等，就被歪曲了，以致每次在對中共的重大歷史轉變時刻，都作了恰恰相反的錯誤判斷。[52]

　　而實際上林毓生當時在美國芝加哥大學時，對費正清所開拓的「中國研究」典範，略有距離，因為當時芝加哥大學社會思想委員會並沒有正式的中國史研究的課程，而他也沒有在芝大上過中國歷史與文化的課程，林毓生只是自己讀了史華慈和當時影響很大的費正清之學生賴文森的著作，感到與史華慈的觀點親近而遠於賴文森。後來他因撰寫博士論文投身史華慈門下後，才真正進入美國的「中國研究」圈，而史華慈基本上與費正清的「衝擊──回應」說是頗為不同的，雖然很少看到林毓生直接對費正清的學術批評，但從林毓生批評與費正清學術觀點較為親近的賴文森，或許可知其中的梗概。

　　另外 1965 年海耶克和他的夫人曾準備於該年九、十月間到臺灣三至四星期，對此林毓生則於 1965 年 2 月就致函殷海光，希望能在《文星》雜誌出一期海耶克專號，他希望臺灣知識界能透過這專號來重視海耶克，林毓生信中說：「總比他們在費正清來時去圍著轉，要強多了！」[53]此相對於林毓生對於費正清的疏離，林對於費正清的學生史華慈卻是頗為心儀的。1965 年 10 月他就致函殷海光提及「B.I.Schwartz 先生，本學期講授中國思想史(由唐代至明清)，頗有內容，分析、見解均有獨到之處，此人實在是哈佛大學少有的人才。」[54]。這些當然都傳達出某些林毓生學術評判的標準。

　　史華慈出身西方思想史，而非漢學，他是以世界思想史的視野與淵博的人文關懷來治中國思想史的，而他的基本立場，則是深具人文精神的自由主義。與海耶克一樣，是一位知識貴族，思想精微、深邃，是二十世紀極少數兼通中

---

[52] 余英時，〈中國歷史轉型期的知識份子〉，《聯合報》，1991 年 9 月 8 日，第 4 版。

[53] 〈林毓生致殷海光函〉，《殷海光‧林毓生書信錄》，1965 年 2 月 9 日，頁 123-125。

[54] 〈林毓生致殷海光函〉，《殷海光‧林毓生書信錄》，1965 年 10 月 5 日，頁 143-144。

西思想的思想家[55]。而史華慈與美國另一位中國思想史研究大家賴文森（Joseph R. Levenson）在研究風格上有著很大的不同，賴文森的研究毫無疑問是 1950、60 年代西方漢學界影響最大的主流趨向，他在著名的《儒教中國及其現代命運》(*Confucian China And Its Modern Fate*)書中，基本上他以為儒家的價值觀和現代化是衝突的，如梁啟超雖然在思想上，在價值取向上是排斥中國文化，但是因為民族主義的關係，在「情感上」卻仍然認同中國文化。[56]實際上賴文森觀察中國知識界所呈現的一種兩難境況——「在理智與價值上接受西方，而在感情上仍然依戀中國的過去」——作為闡釋中國近現代思想變遷及其涵義的分析架構，且以為儒家思想已經成為歷史，只能放在博物館供人憑弔。這一理論模式相當程度上是受到他的老師費正清的影響，帶有西方中心論的取向，而這一西方漢學的「中國研究」的典範，曾經在西方風靡一時。

　　1962 年初赴美國哈佛大學留學的新儒家學者杜維明，就曾說過他到美國之後不久，就感受到賴文森學說的震盪。而當時在哈佛唸書的幾位同學，包括比他高二、三屆的張灝和從芝加哥前來訪問的林毓生，每一個星期總要談三、五次，覺得應該對賴文森的觀點進行批判地理解，杜維明當時覺得賴文森的學術牽涉問題很大，說十年不一定能做出反應。張灝則說三、五年就夠了，林毓生則說大概三、五個月就夠了，[57]後來張灝的梁啟超研究的博士論文，相當程度上是對賴文森的觀點作出回應，林毓生後來也在他的博士論文中，在研究魯迅

[55] 林穎鈺、余帛燦、尤智威記錄整理，林毓生校訂，〈衣帶漸寬終不悔・知識貴族的公共關懷——林毓生教授訪談錄〉，《臺大歷史系學術通訊》，第 5 期，頁 4；以及林毓生、錢林森，〈知識份子的歷史擔當與人格堅守——林毓生教授訪談錄〉，收錄於樂黛雲、（法）李比雄主編，《跨文化對話(第 27 輯)》（北京：三聯書店，2011.5），頁 266。

[56] 約瑟夫・列文森（Joseph R. Levenson）著，鄭大華、任菁譯，《儒教中國及其現代命運》（桂林：廣西師範大學出版社，2009.5），頁 77-89。本書各處行文則統一稱 Joseph R. Levenson 為賴文森。

[57] 杜維明，〈儒教中國及其現代命運〉，《現代精神與儒家傳統》（臺北：聯經，1996），頁 295。杜維明對賴文森學說的評論，見此書頁 289-328；而在臺灣史學界，從歷年來學界直接或間接對賴文森觀點討論著作為起點，並進一步的綜合性提出更深刻的論述，參見黃克武，〈魂歸何處？梁啟超與儒教中國及其現代命運的再思考〉，《近代中國的思潮與人物》（北京：九州出版社，2012.12），頁 193-216。

的部分也做出有力的論述，基本上他們都相當程度上對賴文森這套對中國近代思想史解釋的理論作出修正。

在張灝的《梁啟超與中國思想的過渡(1890-1907)》中指出，梁啟超於 1930 年左右所寫的長篇系列的《新民說》，其中就有強調私德的重要性，例如梁啟超解釋許多新儒家的人格修養的箴言，尤其是王陽明的致良知的學說，其中蘊涵著一個內在和行動為取向的人格形象，且梁啟超認為王陽明致良知的學說一旦被信仰並付諸實施便會產生這種人格影響。毫無疑問，梁不只因為從王陽明的學說推斷出這些影響，而是看到王的學說對日本德川幕府和明治時期的日本人的人格形象所產生的實際影響所致，實際上這對塑造新民必備的人格訓練是有幫助地的。由於梁啟超曾生活在明治時期的日本，在那裡，他感受到傳統與西方的影響經常成功地結合，對梁啟超而言，像中江藤樹、熊澤蕃山、大塩后素、吉田松蔭和西鄉隆盛等這樣一些傑出人物的經歷，是對這些王陽明致良知學說影響的最好說明，甚至梁大為讚賞日本的軍人倫理學中，他也看到王陽明的學說是一種富有生命力的學說。是以，對梁啟超而言，某些中國傳統技巧可被用來為西方價值服務，這是合乎自然的，梁啟超對於有約束性思想的新儒家道德哲學的持久興趣是極具啟發性的意義，因為它向我們展示在近代中國文化思潮中繼續存在著某些儒家傳統成分，因此梁啟超的思想表明，儒家的一些思想成分在某些方面可以與近代西方的時代思潮相融合，[58]這是對賴文森的觀點——所謂梁啟超是在西方的文化挑戰之下，而在情感上必須得到安慰而去肯定中國某些價值的說法——自然是很有力的修正。

對於賴文森的學術觀點，林毓生就認為史華慈就比賴文森來的重要，他不贊同賴文森研究中國思想史所提出的這套著名的理論。他認為賴文森的學術著作的背後，含有對中國傳統文化與中國知識分子，相當強的歧視。因為根據賴文森的闡釋，中國傳統思想與文化中的任何成分，在現代中國只有感情上的意義，不可能有真正理性與道德的意義；且中國現代知識分子們任何與傳統成分

---

[58] 張灝，《梁啟超與中國思想的過渡(1890-1907)》，頁 187-202。

的正面關連，都是由於他們在感情上不能免除對中國過去的依戀所導致的[59]。
故林毓生在《中國意識的危機——「五四」時期激烈的反傳統主義》中的第六
章〈魯迅意識的複雜性〉中，曾經以魯迅為例反駁賴文森的觀點－即使堅持激
烈反傳統主義的魯迅，在他的意識之中，仍有對一些中國傳統的道德成分（如
念舊）的理性肯定，這樣的肯定不是以賴文森的「在感情上不能免除對中國過
去的依戀」所能理解和解釋的[60]。

　　對於賴文森的這套說法，林毓生認為賴文森中文程度差，對中國的了解都
是間接的，他的評論雖然建立了一個系統，吸引了不少人，而且影響很大，但
他的曲解很多，破壞性也很大。而史華慈雖然因自己不願意建立一個系統而未
建立一個系統，但是他的中文程度好，他對中國傳統有相當深刻而同情的了解，
因此儘管他的影響不如賴文森大，但卻是正面的，建設性的[61]。而與林毓生在
臺大歷史系就讀時同是殷海光門下的張灝，後來到美國哈佛大學攻讀歷史，也
是史華慈的學生，就曾提及他親身受史華慈學術教導的經驗。張灝說 1960、70
年代之際，那時在美國，現代化的理論非常流行，它視現代性與傳統是二元對
立，也因此認為傳統是現代化的主要障礙，然當時史華慈在美國漢學界卻獨排
眾議，他看到傳統思想內容的多元性和豐富性，不一定是對立不相容，因此不
能簡單地用二分法將之對立起來。[62]。這種思想相當程度上反映了賴文森那套
理論背後所蘊涵著美國現代化理論的影響。

....

[59] 林毓生，〈試圖貫通於熱烈與冷靜之間——略述我的治學緣起〉，《聯合報副刊》，1996 年 5 月 6
日，41 版。

[60] 林毓生對賴文森觀點的學術論辯，可參考 Lin Yü-sheng（林毓生），*The Crisis of Chinese Consciousness:
Radical Antitraditionalism in the May Fourth Era*（Madison：University of Wisconsin Press, 1979），
pp.104-151.以及林毓生，〈魯迅思想的特質〉，《政治秩序與多元社會》，頁 235-252。

[61] 林穎鈺、余帛燦、尤智威記錄整理，林毓生校訂，〈衣帶漸寬終不悔‧知識貴族的公共關懷——林
毓生教授訪談錄〉，《臺大歷史系學術通訊》，第 5 期，頁 4；林毓生，〈不以考據為中心目的之人
文研究〉，《思想與人物》，頁 273-274。

[62] 張灝，〈見證歷史巨輪的自由主義者：張灝〉，收錄於臺大出版中心編，《我的學思歷程 4》（臺北：
臺大出版中心，2010），頁 223。

　　相對於林毓生對賴文森學術諸多的質疑、批評，他對史華慈則給予至高的學術評價，林毓生指出史華慈的研究論著《尋求富強：嚴復與西方》、《古代中國的思想世界》皆是從跨文化思想史、世界史的視角研究出發而取得重大的貢獻。而這些巨大成就的取得，得益於史華慈對於歷史現實的深邃洞察力及把握單刀直入切入人性深處、緊緊抓住生活的中心主題不放。他深深植根但未侷限於蒙田和巴斯卡（Pascal-like）的人文主義傳統，該傳統為史華慈提供判別人類狀況之中存在著卑劣與崇高的洞察力，也提供一種蘇格拉底式的進行自我審視的道德上、智力上的自覺行動，作為探究人類活動的先決條件，史華慈的學術研究個性就在於他把道德和智力合而為一，他對普遍人性的關懷的研究深感興趣，是以能嚴肅的研究中國，將普遍主義的關懷與人文主義的謙遜組合起來，這使得他有能力引領中國研究擺脫地區主義的各種侷限[63]。林毓生並進一步指出史華慈基本上應用了巴斯卡（Pascal-like）那樣不固定的、多元的、沉思的途徑來治思想史，使得他的思想史研究至為深刻複雜。他以為思想史學者的任務是，能多徹底了解他研究對象的內在世界便要多徹底地去了解，而思想史家無需特別著力於建立嚴密的因果分析的工作（這一認識加強了他研究思想內容的任務，同時這一認識也因加強思想內容的研究而加強），然而如林毓生所指出的，史華慈的成就與限制乃是一事之兩面，正因為他的研究是精微而辨析毫芒的，把思想史的題目看做是開放的「問題性」題材，而不把它們放入早已做好的鴿籠的門孔之中，所以如他的《古代中國的思想世界》的確有相當程度的流動的、難以捉摸的性格，因為史華慈開放沉思型的著作從未想要提出「最後的見解」，但對一些讀者，則會對此書某種程度的難以捉模的性格，可能使該書，至少有些部分是難以接近地，在這裡林毓生相對的提出或許使用韋伯的「理念型分析」能導正史華慈研究所可能造成理解的困難。[64]

----

[63] 林毓生，〈以仁心說，以學心聽，以公心辯〉，收錄於許紀霖、宋宏主編，《史華慈論中國》（北京：新星出版社，2006.11），頁 566-567。

[64] 林毓生，〈史華慈（Benjamin I. Schwartz）思想史學的意義〉，《西方漢學家論中國》，頁 85、86。

　　觀諸林毓生的成學過程，真正在中國史研究的專業學術領域中，恐怕史華慈是影響林毓生史學研究最重要的學者。林毓生治學上多少帶有史華慈那種「不固定的、多元的、沉思的途徑」，且他論證繁複，且能以西方的學術思想作為資源，從比較觀點，跨文化史、世界史的研究視角去觀照中國歷史問題的特性，如他對自己極為關心的自由主義在中國的發展和前途問題，就在西方思想、歷史、制度的對照下，極具啟發且有說服力的指出民主自由在中國、臺灣落實的真正困境為何。實際上林毓生的治學與史華慈一樣，並不走提出一個大的系統的理論（如費正清、賴文森的學術見解），去籠罩中國史的歷史問題。惟林毓生雖然在研究方法上也表現出史華慈那種沉思型的研究方法的風格，但同時他也採取韋伯的「理念（想）型的分析」，希望在複雜的歷史現象、經驗事實中，建構一種雖然在現實世界不存在，但卻是一個理念型的對歷史現象的特質最有效的理解方式。其實在當代中國思想史的研究中，林毓生之所以特別形成論述複雜和深度的研究風格，應該正是他似乎融合著史華慈與韋伯的研究學術方法所致。惟思想史研究雖然較為抽象，相當層面上帶有哲學的思辯，但正如史華慈對待史料的態度一向懷有深切的敬意，[65]林毓生也認為治史仍應堅持主張歷史的分析與闡釋必須建立在堅強的史料之上[66]，因為這畢竟是史學研究上最基本、最重要的紀律。

---

[65] 林毓生，〈史華慈（Benjamin I. Schwartz）思想史學的意義〉，《西方漢學家論中國》，頁90。

[66] 林毓生，〈問題意識的形成與理念／理想型的分析〉，《四分溪論學集——慶祝李遠哲先生七十壽辰》，上冊，頁406。

四、林毓生的學術關懷：蘇格蘭啟蒙運動的正統自由主義之人文精神

　　從臺大歷史系就讀開始，林毓生就受到了當代臺灣最重要的自由主義學者殷海光的思想影響，而當時 1950、60 年代的臺灣自由主義的象徵性人物胡適，雖仍然掛名《自由中國》雜誌的發行人，引領著臺灣自由主義發展的方向。然胡適與殷海光的自由主義主張，有其時代的限制，林毓生指出胡適的自由主義的主張只停留在對於西方的民主制度和民主實踐效果的理解[1]。而殷海光一生闡釋自由主義的理論，主要是著重在對於自由與民主的意義及效用的說明。他對西方歷史中，自由與民主的發展與法治之間的密切關係，則較少關注[2]。故中國近代提倡自由主義的代表學者胡適、殷海光等，對於甚麼是民主？如何實現自由？如何實現民主？實際上是無暇顧及的。基於此，林毓生因為大學時期曾經讀過殷海光翻譯的海耶克《到奴役之路》並受其影響，使得林毓生接觸到海耶克的自由哲學，種下後來去芝加哥大學跟從海耶克，去學習理解西方近現代自由主義的內容及其制度的演變[3]。而海耶克所承繼的蘇格蘭啟蒙運動的古典自由主義，正是林毓生一生中所選擇的自由主義思想立場。

　　而在當時西方主要有蘇格蘭啟蒙運動的自由主義(英國)和法國啟蒙運動的自由主義(法國)的兩種自由主義。然蘇格蘭啟蒙運動與法國啟蒙運動是頗為不同的，林毓生對此有深入的論析，他指出蘇格蘭啟蒙運動的思想家與法國啟蒙

---

[1] 林毓生，〈平心靜氣論胡適〉，《中國傳統的創造性轉化（增訂本）》，頁 537。

[2] 林毓生，〈兩種關於如何構成政治秩序的觀念——兼論容忍與自由〉，《政治秩序與多元社會》，頁 24。

[3] 林穎鈺、余帛燦、尤智威紀錄整理，林毓生校訂，〈衣帶漸寬終不悔・知識貴族的公共關懷——林毓生教授訪談錄〉，《臺大歷史系學術通訊》，第 5 期，頁 1；林毓生，〈試圖貫通於熱烈與冷靜之間——略述我的治學緣起〉，《聯合報副刊》，1996 年 5 月 3 日，41 版。

運動的思想家基本的差異是：他們對理性的解釋彼此有極大的不同。蘇格蘭啟蒙運動思想家們認為，理性本身沒有本領創造出來完全合乎理性的未來。理性本身根本就沒有這樣的能力，但他們仍然是重視與提倡理性的，他們認為要用理性的方式來瞭解理性本身究竟有多大本領，根據他們理解，理性本身能力是有一定限制的。他們認為法國啟蒙運動是把理性功能誤解與濫用了[4]，這一源自於笛卡兒理性建構主義思維的法國啟蒙運動自由主義，則以為「理性」功能是相當大的，並可以創造歷史，兩者之間形成不同的自由主義發展方向。

　　因著對理性功能與意義的看法，在政治學哲學上的十八世紀蘇格蘭啟蒙運動思想家，從休謨（David Hume）、亞當・斯密（Adam Smith）、佛格森（Adam Ferguson）到二十世紀的博蘭尼、海耶克，這些純正自由主義學者對於社會哲學所採用的探討途徑是社會秩序與政治秩序是由歷史演化而來的，而非由如法國啟蒙運動思想家笛卡兒以來的所認為是理性建構而成的，蘇格蘭啟蒙運動休謨以及後繼者，對於社會哲學所採用的是「群眾中至惡者也對公共利益提供過一些貢獻」的觀念，由休謨發展出一個特別強調制度的觀念，這是西方純正自由主義者一向堅持的一個觀念。用海耶克的話說是「休謨希望得到的和平、自由、與公正，非來自於人們的善良品性，而是來自建全的制度－這一制度使得即使是壞人，在他們追逐各種事務以滿足自己的私慾時，也為公共的好處做了事」，其實這一概念正是建築在社會與政治秩序是由演化，非由理性建構的了解上[5]。

　　而林毓生受教於海耶克，受海耶克思想影響至鉅，所以直接濡染了蘇格蘭啟蒙運動純正自由主義的人文傳統。其中海耶克論辯他的自由哲學是「自由不是解放」的意義，更是為林毓生所承繼，除了蘇格蘭啟蒙運動的自由主義哲學所強調「歷史是演化」的觀點外，另外海耶克的自由哲學至為繁複深奧，然他

---

[4]　林毓生，〈略談西方自由主義對馬克思主義的批評〉，《民主中國》，第 8 期，1992 年 2 月，頁 60；以及林毓生，〈什麼是理性〉，《思想與人物》，頁 64-67。

[5]　林毓生，〈魯迅政治觀的困境——兼論中國傳統思想資源的活力與限制〉，《政治秩序與多元社會》，頁 270-271。

承自蘇格蘭啟蒙運動的社會哲學觀念：社會秩序與政治秩序是由歷史演化而來
的，是以他認為個人自由是在接受文明演化中所產生的許多規則（rules）的約
束的結果，而個人自由又不可被武斷的、不合理的強制性壓迫所斲喪，而哪些
規則才是個人自由的條件呢？海耶克提出兩個原則來衡量哪些規則是符合與促
進個人自由的：（一）規則必須具有普遍性，它們必須能平等地與沒有例外地
應用到社會上的每一個人身上，無論其出身、性別、宗教、種族、經濟環境、
教育程度的差異；（二）規則必須具有抽象性，（抽象性相對於具體性而言），
亦即：規則是沒有具體目的的，規則不是為任何具體目的服務的，因此，在遵
從這些規則時每個人可追求自己的目的。而合乎這兩個原則的規則應該應用在
法律上，也應該應用到道德上去。使法律成為建立法治（rule of law）的法律，
使道德成為維護個人自由的道德（rule of law「法治」與 rule by law「法制」是
不同的，「法治」是指「法律主治」，而「法制」是「以法統治」）[6]，是以這
種古典自由主義的精神，認為自由是必須要有符合憲政主義原則的法治（rule of
law）作為前提的，如此方能達成真正自由的價值追求，而在西方眾多自由主義
的流派中，林毓生以這種蘇格蘭啟蒙運動的古典自由主義精神，作為他研究中
國與臺灣發展自由主義所面臨困境的參照座標。

　　而林毓生精微深思所對中國傳統思想方式的原創性疏解、以及站在比較思
想史的角度，從西方蘇格蘭啟蒙運動的社會哲學思想傳統、韋伯對政治分析所
原創性提出的「責任倫理」和「意圖倫理」的概念出發[7]，林毓生得出中國和臺

---

[6] 林毓生有關海耶克的自由主義政治社會哲學的論述，可參考林毓生，〈自由不是解放：海耶克的自
　　由哲學〉，《聯合報副刊》，1992 年 7 月 2-3 日，41 版；林毓生，〈略談西方自由主義對馬克思主
　　義的批評〉，《民主中國》，第 8 期，頁 61-63。

[7] 林毓生在 1982 年時，為了慶祝當時黨外林正杰等多位新生代政治人物當選臺北市議員，特別撰文將
　　韋伯論及政治範疇中的「責任倫理」與「意圖倫理」的概念引入中文世界，這恐怕是當時中文世界
　　第一次的介紹。所謂以「責任倫理」從事政治的人，是指在處理政治事務時，認為宇宙並不是一個
　　道德理性的有機體，美好的意圖並不一定能夠帶來它所希望得到的美好的結果，進入政治領域中，
　　政治與道德是二元的，是以要達成正當的目標需要現實感的節制，這樣才能真有好的效果，政治行
　　為必須熟慮其可以預見的後果，並對之負責。而以「意圖倫理」從事政治的人，則是假定宇宙是一
　　個一元式道德理性的有機體，政治是具有道德理性的宇宙的一個有機部分，所以政治是道德事業，
　　所以只要意圖（心志與目標）是純真的，他的行為就是對的，結果如何，不是他的責任。林毓生這

灣近代要施行自由主義的真正癥結之所在，乃是過往太過於強調「藉思想、文化以解決問題的方式（詳後文）」，而未將政治視為一個獨立的範疇，要根據韋伯所謂的「責任倫理」而非「意圖倫理」來進行，進而提出「制度」（最重要的是前面提及的海耶克所論辯的「法治」）而非只有「思想」的因素在歷史演化中所具有的重要推動意義。

　　據林毓生的研究指出，歷代以來中國主流的知識階層，對於政治、社會問題的解決，向來是強調「心的理知與道德功能」的方式，亦即是持有「藉思想、文化以解決問題」的思維方式，而這種方式主要是源自於中國傳統的「內在超越」的宇宙觀。這種「內在超越」的觀念有滑落至一切來自於「內在」的傾向。這種傾向在儒家傳統中形成直接把道德與思想當做人間各種秩序的泉源或動因的看法，以致遇到問題時便用「藉思想、文化以解決問題的方式」。但從蘇格蘭啟蒙運動的社會與政治哲學對歷史的分析中可知，理性的說服力是有限的，理性的說服力只有在有利的歷史條件下，因勢利導，它本身並不能創造歷史，而中國傳統思維因受「藉思想、文化以解決問題的方式」的影響，往往認為具有說服力的思想是一切改變的泉源。但從蘇格蘭啟蒙運動的思想傳統來看，中國這種思想模式，大致上是比較接近法國啟蒙運動對理性、思想的功能的理解，而這種理解恰是對理性的功能的誤解所致，思想雖不是不能發揮作用，也不能說只是政治、經濟、或社會的副產品，但思想所能發揮作用的程度與是否有配合與支撐它發揮作用的歷史條件有關。[8]

　　對於林毓生所繼承海耶克蘇格蘭啟蒙運動的思想之理解，臺灣精研西方自由主義思想與歷史源流的學者江宜樺，他的分析對此亦有所補充。他舉出一般

篇頗具歷史意義的文章，請見〈如何做個政治家——為慶祝新生代臺北市議員當選而作〉，《思想與人物》，頁 397-410。後來陳水扁於 2000 年當選總統時，《中國時報》專訪林毓生，他再度更詳細論述韋伯的「責任倫理」與「意圖倫理」，參見唐光華專訪，晏山農紀錄整理，〈政治家的條件——專訪林毓生院士談對於新總統的期待〉，《中國時報人間副刊》，2000 年 5 月 15 日-19 日，37版。

[8]　林毓生，〈王作榮先生〈誰來轉移社會風氣〉——政府官員、知識分子無可逃避的責任(書後)——兼論「民間社會」如何成長〉，收錄於祝萍主編，《社會重建》(臺北：時報文化，1991)，頁 437-439。

認為這支英國自由主義與法國自由主義的區分，係著眼於「經驗主義/理性主義」或「具體思維/抽象思維」，而這種區分自然以海耶克的說法最為人所知，他在《自由的憲章》中嚴格劃分英國傳統與法國傳統，認為前者著重自發秩序的形成以及免於外在干預的自由，後者則相信武斷的人為規劃可以促使人人在共同體中實踐自由。英國傳統的經驗主義傳統保障了自發秩序的形成，不空談普遍人權；而法國傳統的理性主義則在法國大革命所帶來的動亂中暴露了虛浮危險的一面。但著名的政治哲學家 Larry Siedentop 則持論不同，他認為英國的自由主義的人性預設過於原子化，他們自由觀欠缺社會學基礎的考察，以及他們只重視私領域的保障而忽視政治參與的道德功能。相反地，在孟德斯鳩、康斯坦、紀索、托克維爾等所構成的法國自由主義傳統中，上述缺點可以避免。因此 Larry Siedentop 認為法國自由主義其實比英國自由主義穩健，是我們必須正視的傳統。

然自由主義內部的討論出現歧異，主要是因為政治自由主義與經濟自由主義的分途所致，當十七世紀末自由主義開始形成時，它在政治上主張(保障民權、政教分離、立憲政府、分權制衡等)與經濟上的主張(尊重私產及市場機能)可以攜手並進，惟經過十九世紀社會主義思潮的刺激，越來越多的自由主義者開始懷疑放任經濟是否會(如社會主義所言)摧毀了個體自由的實質。尤其是二十世紀經濟大恐慌後出現了新自由主義，放棄古典自由主義對經濟事務所採取的放任態度。他們意識到一個人是否能享有公民權利(如集會、結社、言論表達、政治參與等)確實與其社經地位息息相關，而社經地位不平等又係私有財產累積之先天差異造成，因此除非以國家公權力對貧富不均現況進行調整，否則自由主義的理想永遠是空中樓閣。於是政府的介入經濟的事務，採取了某些社會主義的重要原則，這稱之為自由主義「社會主義化」。於是從海耶克的《到奴役之路》、諾齊克(Robert Nozick)的《無政府，國家與烏托邦》，這些「原型」的自由主義者就形成了一支與社會主義化自由派不同的傳統，他們指控新自由主義與共產主義、社會主義淪為一丘之貉，並提醒世人任何均平政策為指導原則的「模式化分配」(patterned distribution)都違反了歷史事實與自然規律，在自

由人之上，創造了不合理的國家。對此人們稱呼這種「原型自由主義」為「放任自由主義」(libertarianism)，於是自由主義形成了「放任自由主義」(libertarianism)以「經濟自由為考量」，與社會主義化的新自由主義不惜實現政治自由而限制經濟活動的自由，這兩種主要形式，後來著名的政治哲學家羅爾斯(John Rawls)決定以「政治自由主義」表達自己的最終立場時，於是所謂的經濟自由主義與政治自由主義的分野就得到確認。[9]

　　而林毓生所繼承的海耶克的自由主義的思想傳統，實際上亦是在《自由中國》時代殷海光、夏道平所接受的海耶克「自由經濟」的想法。而到了 1990 年代以後，臺灣重要的自由派團體「澄社」的自由主義的典範早就不是海耶克、米塞斯(Ludwig von Mises)等古典自由主義經濟學者，而是羅爾斯(John Rawls)、哈伯瑪斯(J. Habermas)等具有左翼色彩的自由主義者。甚至在某些社員的學術訓練中，恐怕更左翼激進的思想(如 Chantal Mouffe,Alain Touraine)才是澄社汲取的資源。[10]。而對 1990 年代臺灣的自由主義思想的發展轉變，以及西方自由主義的分化，林毓生仍然堅守其師海耶克自由主義的立場，然自由主義內部分化所源自於經濟的平等、社會正義的問題，恐是林毓生所持有的蘇格蘭啟蒙運動自由主義長久以來的思想與現實的挑戰。而這一挑戰，林毓生目前尚未有更積極的論述來加以回應。

....

[9]　這段對自由主義思想與傳統發展的論述，主要引述自江宜樺，〈自由主義哲學傳統之回顧〉，《當代》，第 127 期，1998 年 3 月 1 日，頁 23-25。

[10]　江宜樺，〈臺灣自由主義思想的發展與困境〉，收錄於瞿海源、顧忠華、錢永祥主編，《自由主義的發展及問題：殷海光基金會自由、平等、社會正義學術研討會論文集1》（臺北：桂冠，2002），頁 124。

五、嚴肅學術研究下的現實公共關懷

　　林毓生數十年來思考的著作，始終關注著兩個相互關聯的重大問題，這兩個問題是：(一)中國近代激進主義的起源及其災難性後果的歷史意義；(二)支撐憲政民主的政治、法律、社會、思想與文化條件究竟為何，以及如何對於中國傳統進行他所提出的「創造性轉化」以獲得這些條件。[1]

　　當代華人世界最重要的史學家之一余英時，在他著名的研究陳寅恪的著作中曾論及，陳寅恪所發表的專著和單篇論文，幾乎全是純學術性的考據之作，與現實人生似無交涉，然深一層次看，陳寅恪一生的學術工作可說都是與現實密切相關。陳寅恪自稱「喜談中古以降民族文化之史」，其實這正顯示他所關切的是中國文化在現代世界中如何轉化的問題[2]。陳寅恪之所以成為二十世紀中國最偉大的史學家之一，不只在於他精於考據而已，同時是他的著作中帶有現實的關懷，是以偉大的史學家的論著總有其對現實的人文關懷的一面，陳寅恪如此，余英時、林毓生亦然。

　　如前所述，林毓生當年在選擇博士論文到底要選擇西方思想或中國歷史問題為題目時，曾發生困惑，而後來海耶克告知他自己四十年中所有的著述，都直接或間接與個人的關懷（personal concerns）有關，是以林毓生的著作深一層次的關懷都環繞在中國和臺灣要實行民主、自由的歷史問題，亦即是自由主義如何在中國和臺灣的發展。下面擇要就林毓生最重要的幾個學術論著來說明他在嚴肅的學術研究下的現實公共關懷。

---

[1] 丘慧芬編，《自由主義與人文傳統：林毓生先生七秩壽慶論文集》，一書中丘慧芬的〈前言〉，頁10。

[2] 余英時，〈陳寅恪的學術精神和晚年心境〉，《陳寅恪晚年詩文釋證》（臺北：東大，2011 二版一刷），頁 21。

(一)中國近代激進反傳統主義的研究

　　從中國自由主義的發展史上來考察，五四時代的胡適到《自由中國》、《文星》時代的殷海光為止，大致上他們在宣揚西方的自由主義時，對於中國的文化傳統是採取一種激烈的反傳統思想，並進而採取「西化」的立場。其中作為二十世紀五四時期中國最重要的知識分子陳獨秀、胡適、魯迅，自然是林毓生研究的重點。在林毓生的《中國意識的危機──「五四」時期激烈的反傳統主義》專書中，林毓生研究了五四時期主流的思想現象：反傳統主義，然而一般中外史學界有關研究五四思想的問題上，大致上在聚焦五四激烈的反傳統主義時，均是強調其與中國傳統文化的斷層關係，如陳獨秀、胡適與魯迅所提出的「全盤西化」的主張。

　　然而在林毓生至為深刻的研究中，他透過五四時期三個最重要反傳統主義的知識分子胡適、陳獨秀和魯迅思想的考察，他認為五四激進的反傳統主義，不可僅就其表面而論，仔細考察他們思想的底蘊，他們思想中有一個共同點，即是：現代中國社會、政治與經濟改革的先決條件是思想革命，亦即是他們認為根本思想的變遷應具有優先性，而這種思想革命就必須首先摒棄中國的過去，於是產生了五四整體性反傳統主義與全盤西化的主張。然而陳獨秀、胡適、魯迅在性格上、做人風格上、政治意見上及思想的發展趨勢上都迥然不同，但他們又堅持同一「意識型態」：思想的變遷應具有優先性。對於此一歷史現象，林毓生研究指出這主要是因為他們繼承著中國傳統一種思考模式，特別是一種源自於先秦儒家孔子、孟子、荀子以來，歷經朱熹、王陽明、戴東原這些中國重要的哲學家共同持有的一種一元論的「心的理知與道德功用」的思想模式，林毓生稱之為「藉思想、文化以解決問題的方式」，並據以提出必須激烈的反傳統方能「全面西化」的引進自由主義及西方現代價值進入中國。林毓生看出在五四激烈的反傳統主義的深層思想結構上，實際上正是受中國傳統「藉思想、文化以解決問題的方式」的影響，林毓生彰顯了五四反傳統思想與傳統的弔詭關係，而這種由五四時代激進份子對中國傳統進行整體性反抗所呈現的現代中

國意識的危機，部分源自於傳統中國社會、政治秩序和文化、道德秩序的有機性整合的遺留，由於這一歷史性不可分割的整合，普遍王權之崩潰所導致的社會、政治秩序的解體，不可避免地破壞了傳統的文化、道德秩序，於是對激進的中國知識分子而言，傳統文化與道德中每一部份皆失去可靠性。[3]是以他們呈現激烈的反傳統思想和提出「全盤西化」的主張。

正如史華慈 1978 年在為此書所寫的序中，已經指出林毓生此書的分析核心是在研究塑造五四反傳統主義者的思想傾向，實際是來自於中國文化的某種傾向，而這種中國文化的傾向是以多種隱微難以觀察的方式在影響著這些反傳統的中國知識分子。而這種整體性的反傳統主義在現代中國思想史和政治史扮演著影響深遠很重要的角色，史華慈並且指出在中共官方意識形態中，整體性的反傳統主義並未消失[4]。基本上，林毓生這本書意涵豐富，而同時也具有指涉現實關懷的課題：反思二十世紀中國激進的反傳統主義與中共的中式馬列主義與毛澤東的烏托邦主義的思想關係，這可以說是林毓生近二十年時間左右所積極思考的具有現實意義的學術課題。[5]

然而這一從五四以來的激進的反傳統主義的思想，實際上是一直貫穿近代中國思想與政治的發展，某種意義上，近代中國產生的中式馬列主義與毛澤東

---

[3] Lin Yü-sheng（林毓生）, *The Crisis of Chinese Consciousness: Radical Antitraditionalism in the May Fourth Era.* 以及林毓生，〈五四時代的激烈反傳統思想與中國自由主義的前途〉，《思想與人物》，頁 139-196。

[4] 史華慈（ Benjamin I. Schwartz）, "FOREWORD "in Lin Yü-sheng（林毓生）,*The Crisis of Chinese Consciousness: Radical Antitraditionalism in the May Fourth Era,* pp. x -xi.

[5] 林毓生在 1995 年首度發表〈二十世紀中國的反傳統思潮與中式馬列主義及毛澤東的烏托邦主義〉，《新史學》，第 6 卷第 3 期，1995 年 9 月，頁 95-151。後來經過數次修訂此文，最近完成的版本是 2013 年 11 月的〈二十世紀中國激進化反傳統思潮、中式馬列主義與毛澤東的烏托邦主義〉，收錄於林毓生主編，《公民社會基本觀念(下卷)》（臺北：中研院人社中心，2014.6），頁 785-863。其中 1996 年並曾以〈二十世紀中國的反傳統思潮與中式烏托邦主義〉發表，收錄於中國大陸劉軍寧等編，《市場社會與公共秩序》（北京：三聯書店，1996.10），頁 223-253，惟其中討論中共的馬列主義與毛澤東的烏托邦主義部分，因為考量中共政治的因素，並未能在中國大陸發表。然從中可知林毓生對此一激進的反傳統思潮，從年輕時的博士論文撰寫到現在已經 80 多歲高年，仍持續關注研究這一影響二十世紀中國近代思想與政治的重大歷史現象，並試圖從中去疏解其中內在的癥結之所在，以作為尋求解決近代中國歷史困境的系統性導向。

的烏托邦主義，皆與五四以來的激進反傳統主義思潮有關，故林毓生這本重要的《中國意識的危機——「五四」時期激烈的反傳統主義》，雖然研究的主要是中國五四時期前後思想史上一個極為顯著且重要的歷史現象，但是他在撰寫此書時，就已經將這一現象可能某種程度上與 1960、70 年代中共激進的反傳統思想與行動做了連結。

　　林毓生研究的整體性反傳統主義，這個課題實際上涉及兩個現實政治層面，一是現代中國知識分子在提倡民主的自由主義時，實際上是著重要透過「藉思想、文化以解決問題的方式」，亦即是強調用思想、文化的力量來試圖在中國建立民主自由的制度。然而西方的民主自由制度與思想的建立，並不是靠「藉思想、文化以解決問題的方式」，這一理性的說服力來建立的。歷史上就如同蘇格蘭啟蒙思想家所指出的，自由主義核心的觀念個人價值的確立，並不是基於理性的探討而形成，而是基於由宗教信仰世俗化所演化的倫理信念。而個人價值是由法律及政治秩序（法治與民主制度）所保障，這些都是歷史演化的結果而非思想有意的特別設計。[6]故中國知識分子如果繼續只從理性的觀點，使用「藉思想、文化以解決問題的方式」來宣揚民主自由，而不從制度、經濟、社會等各個層面去思考如何建立落實民主的話，那這一目的是永遠無法達成的。

　　二是用反傳統思想的態度來引入西方的民主自由制度，歷史上是阻礙這一目標的達成。既然西方的民主自由制度是在西方特有的歷史時空環境和條件下，經由歷史的演化而成，那表示歷史進程的發展是必須在傳統的基礎上尋求改變的可能性。基於這一現代化必須在傳統的基礎上，經由歷史演化而成的認知，故林毓生在中國傳統儒家的「仁的哲學」中，發現它與西方自由主義的主要觀念「人的道德自主觀念」（the moral autonomy of man）彼此有其匯通的可能，故對「仁的哲學」進行「創造性轉化」後正可以與康德哲學的「道德自主

6　林毓生，〈兩種關於如何構成政治秩序的觀念——兼論容忍與自由〉，《政治秩序與多元社會》，頁 3-48。

性」觀念相銜接[7]，是以林毓生提倡對中國文化進行「創造性轉化」這一觀念[8]，而強調對中國文化傳統進行同情的理解與轉化，這一文化思想態度的改變迥異於胡適、殷海光的反傳統思想，故在華人自由主義發展史上是有著重大的歷史意義。

而林毓生在有關五四整體性反傳統主義的研究中，因為使用了韋伯的理念/理想型的分析方法，故引起諸多的討論，很大一個焦點是這裡的「整體性」的反傳統主義的提法。例如 1980 年初時兩位著名的美國中國研究專家馬若孟（Ramon H. Myers）和墨子刻（Thomas A. Metzger）合寫發表的〈漢學的陰影：美國現代中國研究概況〉一文，其中討論到林毓生的《中國意識的危機》一書，就認為在民國四年到十六年間，五四運動反傳統論者所攻擊的傳統價值，業已在辛亥革命前經歷「全面崩潰」過程，以至於「任何傳統的中國思想均已無法再毫無疑義地被接受」，故對林毓生書中五四整體性反傳統主義的說法，馬、墨則批評說：第一，此種敘述在經驗上是不正確的；第二，林毓生有自我矛盾之處，因為林毓生亦認為縱使是反傳統論者，亦很自然地採行各種不同的傳統價值與思想模式；第三，林毓生的看法使得反傳統論者的目的不明，因為他們反傳統的結果，就像放火燃燒業已燒毀的房子(按：意指已經全面崩潰的中國傳統價值)。[9]

類似馬孟若、墨子刻為文質疑林毓生書中這些觀點的並不少，例如在中國南方頗具影響力的華東師範大學的王元化，就曾為文批評了林毓生此書，王主要徵引了一些反傳統主義者肯定傳統的話，如陳獨秀曾說：「記者之非孔，非謂其溫良恭儉讓信義廉恥諸德及忠恕之道不足取，不過謂此等道德名詞，乃世

---

[7] Lin Yü-sheng（林毓生），"The Evolution of the Pre-Confucian Meaning of Jen 仁 and the Confucian Concept of Moral Autonomy, " *Monumenta Serica*, vol. 31（1974-75），pp.172-204.

[8] 林毓生多年來在各種著作論文中常常提及「創造性轉化」觀念，而其中最詳盡的論述，參見林毓生，〈「創造性轉化」的再思與再認〉，《文化中國》，第 3 卷第 2 期，頁 21-34。後文會再對此「創造性轉化」觀念有較多的討論。

[9] 馬孟若、墨子刻合著，劉紀曜、溫振華合譯，〈漢學的陰影：美國現代中國研究概況(上)〉，《食貨月刊》，第 10 卷第 10 期，1981 年 1 月，頁 450。

界普遍實踐道德，不認為孔教自矜獨有者耳。」並用胡適在《中國哲學史大綱》中未對傳統學術進行激烈的攻擊，及魯迅在著作中亦曾肯定墨學與莊學，來說明五四激進人物未對中國全面攻擊。故基本上王元化認為林毓生的書是先立一個框架，然後再去填補材料，多少帶有先驗模式論傾向，他認為沒有全盤性的反傳統問題，而主要是反儒家的「吃人禮教」，他不否認儒學在傳統文化中的地位，但不同意文化傳統只能定儒家為一尊，五四精神在反儒家問題上是要求出現諸子爭鳴的學術自由空氣。如果不把儒家以外的諸子以及中國的古代神話、小說、民間故事、歌謠等等都排除於文化傳統之外，那就斷斷不能把五四精神說成是全盤性的反傳統主義。[10]

對此林毓生亦做出回應，林毓生認為王元化誤解了他書中的意思，他認為《中國意識的危機》的重點之一，亦即是要闡釋為什麼在五四激進人物有時對傳統的一些成分曾加以肯定的狀況下，仍應稱他們帶動的反傳統思潮為「全盤性反傳統主義」？對此林毓生解釋他所謂的「全盤性反傳統主義」是指在意識形態層次上的要求，並不是說，當他們要求把傳統全部打倒的時候，他們已從傳統中完全解放出來了，或他們對傳統中的每一特殊成分均做過仔細研究，發現他們不是惡毒的，便是無用的，因此從理性出發得出中國傳統應該全部予以剷除的結論。因此既然在意識形態上要求把傳統打倒並不蘊含，在思想上的其他層次，一定不對傳統成分做任何肯定。[11]

實際上林毓生此書所提出的五四全盤性的反傳統主義課題，在中國大陸曾引起諸多的討論，林毓生書的中文譯本在 1986 年首先出版，1988 年出增訂再版，從 1986 年到 1988 年兩年之內，就已經在大陸合計銷行了四萬冊之多。[12]從

---

[10] 王元化，〈論傳統與反傳統——從海外學者對「五四」的評論說起〉，收錄於林毓生，《政治秩序與多元社會》，頁 372-385，特別是 380-382。

[11] 林毓生，〈邁出五四以光大五四——簡答王元化先生〉，《政治秩序與多元社會》，頁 351-371，特別是 357-358。

[12] 根據貴州人民出版社林毓生《中國意識的危機》一書的責任編輯許醫農女士函告林毓生的銷售狀況。參見林毓生，〈二十世紀中國激進化反傳統思潮、中式馬列主義與毛澤東的烏托邦主義〉，《公民社會基本觀念(下卷)》，頁 794 中的註解 12。

中可知林毓生在中國大陸所掀起的五四學術討論的熱潮。而針對這些論辯文
字，中國大陸的學者顧昕在《中國啟蒙的歷史圖像》中曾列專章討論，大致上
他檢討了大陸學者對林毓生討論觀點的性質與意義，其中較多的討論批判成分
居多，而顧昕以為大陸學界聚焦之處是林毓生所提出的五四反傳統主義。對此
顧昕以為林毓生分析性批判的著眼點五四反傳統主義這一課題，這本身已不合
時宜，因為當時 1980 年代中期到 1990 年代初期，正逢中國知識分子熱衷高舉
反封建、反傳統主義的大旗，以圖促進中國共產黨統治下的大陸走向合理性的
現代化進程，甚或用它來反對中國共產黨，然林毓生竟把五四同文化大革命聯
繫起來，儘管這種聯繫在林毓生的著作中是有所限定的，但已經足以引起意識
形態化的中國大陸知識分子的憤怒了。在此背景下，於是大陸學者對林毓生的
批評多屬簡單化、情緒化和意識形態化，他們對林書中的基本論點、論據和論
證都不肯、或不耐煩、甚或沒有能力加以研究，其批評的力量源於他們的信念、
態度和立場。[13]

　　實際上林毓生《中國意識的危機》此書的艱深難讀，必須有耐心始能理解，
在 1980 年日本學者丸山松幸為此書所寫的書評中已經有所表示。丸山松幸認為
林毓生書中論傳統的場合，幾乎都是以儒教為對象，即使在此之外，也限於以
士大夫教養為範圍，惟考慮到現代中國與傳統的問題時，首先想到的事，是「土
著」(按：應是指滿清異族)抵抗西歐列強及其所結托的反動勢力，假「近代化」
之名，而實施政治、經濟、文化的壓迫，所引起的農民革命的傳統。丸山松幸
認為此書是以五四時期的知識人的思想為中心，其限界似以儒教為主要的傳統
內容，但若將問題擴大為二十世紀中國的思想史時，則曾洗刷歷史過程的五四
新文化運動之啟蒙主義、近代主義的性質，似應放入視野中。對此林毓生則認
為丸山松幸的書評並不貼切，因為他是討論中國的傳統，有意或無意中深受中
國儒家傳統之影響的五四領袖人物而言。因為中國傳統非常深廣，此書只是談

---

[13] 顧昕，〈反傳統主義的是非長短：關於《中國意識的危機》〉，《中國啟蒙的歷史圖像》(香港：牛
　　津大學出版社，1992)，頁 88-116，特別是 112-113。

五四激烈反傳統思想的成因，並無也不能涵蓋整個傳統文化。書評者丸山松幸以求全的態度來評原作者，並無切中要處。[14]

　　不過相關的討論其中所涉及的一個重要關鍵，恐怕是林毓生所使用的韋伯的理念型／理想型的分析方法的特性。如前文所指出林毓生受韋伯的方法論影響甚深，也使用韋伯的理念型/理想型的分析方法在研究歷史，對此，林毓生指出此方法的重要意義是在為了形成對於歷史探索性的理解所建構的「本身具有一致性的思想圖像」。「正是由於這種思想圖像具有『概念上的純粹性』，因此是不可能在實在中的任何地方發現它所要指稱的東西的，所以韋伯說它是一個『烏托邦』。建構理想型的目的，主要是要提供我們認識歷史實在的工具，讓我們得以在個別的事例中確定：實在與該理想圖像相距多遠(或多近)」，[15]亦即是理念型/理想型的分析方法是為了展示研究對象的某一方面的特性並對其成因提出具有啟發性與系統性的了解，而把一些有關的因素特別加以統合的分析建構。[16]

　　是以林毓生所提出的五四全盤性(整體性)反傳統主義的思想，就是一種理念型的建構，在現實世界中自然不可能能做到全盤性或整體性的反傳統，但它確實是五四時期思想的很重要的歷史特性，林毓生為此也不斷地作出解釋，一直到 2013 年 12 月它最新修訂的論文〈二十世紀中國激進化反傳統思潮、中式馬列主義與毛澤東的烏托邦主義〉中仍對此不厭其煩地論說，他說很多的誤解皆源於把書中所謂「整體主義的反傳統主義」當作「整體的反傳統主義」之故。然「整體主義的(totalistic)」與「整體的(total)」，應作嚴格的區分。「整體主義的」指謂一種意識形態的立場，主張傳統須要整體地摒棄。「整體的」則是

[14] 丸山松幸的書評〈評林毓生著《中國意識的危機：五四時代的反傳統主義》〉，原發表在日本的《東洋史研究》，第 38 卷第 4 期，1980 年 3 月，中文譯本曾經由高明士節錄翻譯，見《書評書目》，第 90 期，1980 年 10 月，頁 46-52；其中林毓生對丸山松幸的書評意見，係見文末〈譯者附識〉中，林毓生致高明士函，頁 52。

[15] 林毓生，〈問題意識的形成與理念／理想型的分析〉，《四分溪論學集——慶祝李遠哲先生七十壽辰》，上冊，頁 397-398。

[16] 林毓生，〈關於《中國意識的危機》——答孫隆基〉，《二十一世紀》，第 3 期，頁 148。

一個普通形容詞，可以用來形容「能夠」或「已經」做到的事實。整體主義的反傳統主義者，事實上，不可能把中國傳統整體地打倒，他自己與中國傳統自有千絲萬縷的關係，不可能不受其中某些成分的影響，所以，「整體的」出現時，必冠以「須要」、「應該」等限定詞，用以表明「五四」激進份子投入整體主義的立場。[17]在中文思想史的討論中，像林毓生扣緊每一個字的涵義的精確分析確實很少見。

　　林毓生對五四整體主義的反傳統思想研究的目的，自然是想探析其對中國自由主義發展的影響，而五四反傳統主義知識分子的代表胡適與魯迅，更是他研究的重心，透過這兩位具有代表性知識分子的思想困境，更可探析中國自由主義發展的歷史困境為何。

　　林毓生對自由主義知識分子胡適的研究指出，胡適在五四時期寫作〈易卜生主義〉一文，並引易卜生的話要追求「真實純粹的為我主義」，藉以在中國來宣揚推行自由主義，然而胡適所提倡的易卜生主義，實際上是對西方自由主義了解含混性的例子，因為易卜生的「為我主義」源自於他的「無政府主義」的思想背景，那是反對國家（the state）存在的極端個人主義，即使在西方，也只是極少數激烈的知識分子的主張，與西方正統的自由主義所主張的個人主義很不同。西方正統自由主義，並不主張廢棄國家，而且認為人類如果要脫離弱肉強食的「自然狀態」，就必須共同協議建立國家，所以國家與代表國家的政府的存在是自由主義的基本預設之一[18]。然而這些複雜的西方自由主義的涵義，顯然不是胡適所能真正的理解。

　　胡適是二十世紀中國與戰後臺灣提倡自由主義最重要的人物與象徵，在追求自由主義的過程中，影響至鉅。但他的自由主義思想的含混性，在某種程度上亦混淆了自由主義在中國與臺灣發展的導向。不過儘管胡適自由主義思想上

---

[17] 林毓生，〈二十世紀中國激進化反傳統思潮、中式馬列主義與毛澤東的烏托邦主義〉，《公民社會基本觀念(下卷)》，頁 794 中的註解 12。

[18] 林毓生，〈漫談胡適思想及其它──兼論胡著「易卜生主義」的含混性〉，《政治秩序與多元社會》，頁 221-234。

有許多理解上的限制，但他的《人權論集》中主張人民應有基本的人權，且人權應受憲法保障，應高於政治運作。[19]這基本上仍引入西方自由主義精神的一些重要面向進入華人地區，故林毓生對胡適理解自由主義性質的批評，當然是反映了他想要正統的西方自由主義在中國、臺灣能夠落實的公共關懷。

而林毓生對魯迅的研究，在學術界中素有盛名。在近代中國歷史人物中，魯迅因為晚年的政治立場左傾，致使中國大陸及臺灣向來都以狹義的黨派立場對魯迅進行褒貶，然而這樣的理解魯迅晚年左傾中國共產黨這一歷史現象，實在是很浮面的理解。而林毓生對魯迅左傾這一問題，有很深入原創的研究。林毓生指出魯迅曾經在 1927 年發表過〈文藝與政治的歧途〉演講一文，文中已經認知到現實世界中政治的本質與政治人物經常是不道德的，其中包括共產黨及共產黨人，然而魯迅卻深受中國傳統政治觀的影響，晚年時最後選擇親近中國共產黨的左派立場，這一政治決定與他在〈文藝與政治的歧途〉文中所表明的政治經常是黑暗的看法，似乎存在難以理解的矛盾。然林毓生的研究為這一歷史現象背後所蘊涵更深刻的歷史、思想意義提出具說服性且原創性的解答。

林毓生指出魯迅左傾的原因，是因為在深受儒家影響下的的傳統中國，政治從來沒有被看成是一個獨立的範疇（或領域），在這個獨立的範疇（或領域）中從事政治活動的人的行為，需根據韋伯（Max Weber）所謂的「責任倫理」（the ethics of responsibility），而非「意圖倫理」（the ethics of intentions）來評判。在韋伯對政治的界定中，政治基本上既不是道德的，但也不是不道德的，而是非道德的（amoral），是中性的。然而中國的儒家政治觀向來總是將政治視為是道德的，所謂「政者，正也」，是以魯迅雖然有很深的對現實的洞察力和感受力，所以在上述〈文藝與政治的歧途〉文中能充分認知政治人物（包含共產黨人）經常是不道德的，但魯迅另方面又受到「政治是道德」的中國傳統政治觀的影響，終究忽視自己在〈文藝與政治的歧途〉演講一文中所提出來的警告，於是放棄一個作家所應具有的道德與藝術的自主性，甘心為左翼革命政

---

[19] 林毓生，〈民主自由與中國的創造轉化〉，《思想與人物》，頁 278。

治服務，正因為魯迅把他左傾進入政治的領域視為一種道德的行為，這也反映了中國傳統政治觀的困境[20]。

林毓生透過研究魯迅的史料及從西方政治觀的比較，對魯迅左傾的解釋實際上是頗受到國際的中國研究學界，尤其是日本和中國大陸高度的重視。近代中國知識分子的左傾問題，一直是現代中國史的重要議題之一，魯迅向來有所謂「青年導師」的稱號，在文壇地位舉足輕重，而林毓生的研究實際上亦解開了中國現實政治困境的一個關鍵性面向。

而林毓生在研究魯迅的思想中，也發現魯迅 1907 年所發表的〈文化偏至論〉與〈摩羅詩力說〉文中認為人道主義與個人主義是相輔相成的。然而根據現已出版的各種《魯迅全集》版本所示，在 1925 年 5 月 30 日魯迅寫給許廣平的信中反而又寫下了在他自己思想中有著「人道主義與個人主義這兩種思想的消長起伏罷」的語句，並把人道主義與個人主義視為互相衝突的，對於魯迅思想前後的改變，林毓生的研究解開了其中令人困惑之處。

原本從自由主義尊重人的尊嚴的角度來看，人道主義與個人主義其實是有很多可以相輔相成的。然而魯迅 1925 年信中所謂人道主義與個人主義的緊張性與衝突，其原因為何？何以早年 1907 年曾經肯定的人道主義與個人主義是相輔相成的，後來到 1925 年會有所轉變而致兩者互相衝突。對這問題，林毓生從考訂材料下手，發現了魯迅《兩地書》各種鉛印版本中所載前引魯迅給許廣平的信是經過增刪的，前引那一段話在原信中是「人道主義與『個人的無治主義』的兩種思想的消長起伏罷」，對此，林毓生進一步指出魯迅「個人的無治主義」就是「無政府或安那其個人主義」（Anarchistische Individualismus），那是倍嘗人間無邊黑暗、無理、與罪惡後所產生的反抗任何權威、任何通則的思緒，以為除了滿足自己的意願外，一切都是假的，這樣的「個人主義」沒有是非，只有任意性。而魯迅給許廣平的信中所說的「人道主義」，在魯迅的思想脈絡中是指接近沒有條件的、服從超越命令的、宗教意義的獻身。而這種「人道主

---

[20] 林毓生，〈魯迅政治觀的困境——兼論中國傳統思想資源的活力與限制〉，《政治秩序與多元社會》，頁 253-275。

義」並不一定要設定「人的尊嚴」，因為愛人是要服從超越命令的。魯迅所欣賞的人道主義理想是帶著托爾斯泰身影的，那含有至上的、絕對的情操，是以魯迅才會有「人道主義與個人主義這兩種思想的消長起伏罷」的說詞。然實際上，在 1925 年之際，魯迅已陷入安那其個人主義的思想困境，故反映在他文學作品中，如《野草》中的虛無黑暗。然他也急欲擺脫這種困境，所以當中日戰爭爆發後，作為愛國者的魯迅，必須採取政治立場，而此時中國馬列主義已經提出一套革命的計畫與步驟，於是他在未對它做深切研究前，就成為了共產革命的同路人[21]。魯迅成為共產革命的同路人，實際上亦反映了中國知識分子的某種思想困境，林毓生的魯迅研究正好對中國知識分子的政治思想難題提供極具啟發性的答案。

　　林毓生由對五四反傳統主義思想的研究出發，他並上溯這一意識形態產生的中國傳統根源，同時他也針對胡適、魯迅兩位反傳統知識領袖思想作一探究，從中可知現代中國所面臨諸多歷史困境的癥結之所在。

(二)中國近代保守主義的研究

　　從五四以來，激進的反傳統主義在中國思想史上成為一股主流之時，另一股與反傳統主義相抗衡的文化保守主義，亦在中國思想史上形成不可忽視的文化思潮。對此，林毓生亦曾研究這股文化保守主義在近代中國思想史上所蘊含的意義與歷史困境。

　　林毓生的思想史研究中，最早在 1972 年即對近代中國著名的傳統主義學者梁漱溟的父親梁巨川(濟)的自殺作出研究，後來又針對當代新儒家、梁漱溟的保守主義有相關的論著。

---

[21] 林毓生，〈魯迅個人主義的性質與含意——兼論「國民性」問題〉，《二十一世紀》，總第 12 期，頁 83-91。

　　林毓生的新儒家的研究，不禁讓人想到近代臺灣思想發展史中《自由中國》的殷海光與《民主評論》新儒家徐復觀、牟宗三之間的思想論爭。張灝就曾說過他們當年在「殷門」談論的多半是環繞殷海光所重視的近代西方哲學思想，例如邏輯實證論、科學哲學及英美式的自由主義，並以這些觀點來批評國民黨的政治和臺港之間流行的儒家思想。[22]而殷海光終其一生大致上是維持著反傳統的思想，堅持邏輯實證論的立場，一直要到過世前十年，因為他接觸到西方社會科學的一些重要理論並受其影響，方才轉變他的思想，於是他晚年思想上已慢慢走出邏輯實證論的樊籠。[23]然而僅管如此，殷海光晚年的語錄中仍提及：

> 嚴格來說，錢穆這般人乃是保守主義者，他們基本的心態是退縮的，鎖閉的，僵固的，排他的。他們不敢正視現實，不敢否定自己的錯誤。他們談問題時，經常和不相干的心理因素扯在一起。我和他們兩者之間的異點之不可混淆是判然有別的。[24]

　　殷海光對錢穆的批評似乎從未改變，早在 1963 年給林毓生的函中即曾說過：

> 我還不十分清楚你為什麼那樣大罵 XXX。此人好賣野人頭，做電影廣告。你封他一個「comprador scholar」〔買辦學者〕，可謂妙極。我看現正在哈佛就讀的某君正在這條路上發展。是嗎？不過，anyway〔無論如何〕XXX 多少還開始做些 fieldwork〔實地考察〕什麼的。比錢穆那些 ethnocentric〔我族中心主義〕的幼稚宣傳家接近科學多

---

22 張灝，〈見證歷史巨輪的自由主義者：張灝〉，《我的學思歷程 4》，頁 222。

23 張灝，〈一條沒有走完的路——為紀念先師殷海光先生逝世兩周年而作〉，《幽暗意識與民主傳統》（臺北：聯經，1989），頁 196。

24 參見陳鼓應編，《殷海光最後的話語：春蠶吐絲》，頁 85。

了。至於錢穆以下的那些紙上空吹文化的玄學客，更不足道了。高下之分，原是相對的啊！[25]

　　錢穆在 1960 年代初期，刻正擔任香港新亞書院院長，與唐君毅、牟宗三、徐復觀等人頗有學術往來，一般將其視為傳統主義學者或新儒家。[26]。

　　而在 1962 年 4 月 25 日，當時閱讀過海耶克的著作之後，林毓生寫信給殷海光說：

> 我最近讀書，思想有個新境界，願意向您報告一下。從前我對 methodology〔方法論〕有一項迷信，認為弄學問必先把方法搞好，這面固然是受到了 logical empiricism〔邏輯經驗論〕的影響，另一方面更是因為看到「新亞書院型」的糊塗蟲因為對方法學不了解，以致搞出自欺欺人的謬論的強烈 reaction〔反應〕。[27]

　　而從這幾條史料中可知，殷海光對錢穆這些傳統主義者，因為雙方對傳統文化態度的不同，故批評他們甚為嚴峻。而 1963 年林毓生此處所指「新亞書院型」的糊塗蟲，雖未直接點名，但大致上即是指錢穆、唐君毅、牟宗三等新儒家，林毓生當時受殷海光邏輯實證論的影響，對於錢穆、唐君毅、牟宗三等新儒家或傳統主義的學問風格，大概是會感到扞格不入的。[28]

---

[25] 〈殷海光致林毓生函〉，《殷海光・林毓生書信錄》，1963 年 11 月 12 日，頁 113-114。

[26] 錢穆 1950 年在香港創辦新亞書院，並擔任院長，一直到 1965 年才正式卸下院長職務；而唐君毅、牟宗三在 1960 年代初期同時在新亞書院任教，徐復觀也曾在 1960、70 年代於新亞書院講學。是以錢穆與唐、牟、徐新儒家等人頗有學術往來。但錢穆生前卻雅不願接受新儒家的名銜，因為當時新儒家有其特殊的涵義，當時錢穆並不認同，詳細的討論，參見余英時，〈錢穆與新儒家〉，《猶記風吹水上鱗——錢穆與現代中國學術》，頁 31-98。

[27] 〈林毓生致殷海光函〉，《殷海光・林毓生書信錄》，1962 年 4 月 25 日，頁 81、83-84。

[28] 殷海光的大弟子張灝曾經說過，他是到哈佛留學時，遇到余英時、杜維明並受其影響，才接觸了一些現代新儒家思想，例如錢穆、牟宗三及熊十力的作品，而這些作品都是從前「殷門」的忌諱，所以他之前很少看，參見張灝，〈見證歷史巨輪的自由主義者：張灝〉，《我的學思歷程 4》，頁 223。

　　然實際上殷海光早先與徐復觀關係甚密，1949 年之後徐復觀創辦《民主評論》時期，殷海光仍是基本的寫作人，而此時徐復觀的政治思想已由「中的政治路線」轉到「民主政治」上面去，並成為他後半生的政治思想的立足點，而當時殷海光偏重以「經驗論的自由主義」反對集權主義，他很討厭「理性」、「道德」、「歷史文化」這一套東西。後來因為牟宗三批評他與殷海光共同受教的老師金岳霖，於是殷海光在《自由中國》寫了文章反擊牟宗三、唐君毅的新儒家，之後又牽扯到《文星》雜誌的文化論戰，[29]自然讓殷海光與新儒家陣營某種程度勢如水火。而這種思想史上的對立發展，似乎令人感覺轉到殷海光的學生輩林毓生、張灝、李敖的身上，唯仔細考察，殷海光與新儒家雙方陣營的爭論，學術思想的取向誠然是其中的關鍵，但亦牽涉人事、性格的紛擾。但林毓生這一輩，大致上比較是從學術思想層面去反思新儒家(或傳統主義者)，對於要在當代中國或臺灣推展民主、自由的體制所會面臨的思想困境之所在。林毓生早年因受殷海光邏輯實證論的影響，對新儒家、傳統主義者的批評態度，不免有過甚之處，然後來他超越實證論的傾向，也比較能平心靜氣地來對待、研究近代中國歷史上的這些傳統、保守主義的問題。

　　在對梁濟的研究中，林毓生透過具體的史料研究及分析式思想史的研究，指出 1918 年 11 月 10 日無藉藉之名的前清小官員、名哲學家梁漱溟的父親自沉於北平城北的積水潭，雖然在留給家人、朋友、世人的遺書中，他自敘他的自殺要以具體的詞語來理解的話，那就是「殉清而死」。但是林毓生考察史料發現其實梁濟並不是一個頑固的反動派，也不是腐儒，甚至在中日甲午戰爭前，他已是一位深切關心中國命運的改革主義者，後來梁濟並贊成戊戌變法，但他

　　從張灝的自述可以推斷，林毓生當時也是受殷海光的影響，而對這些新儒家、傳統主義學者的著作是懷有敵意的。

[29] 殷海光與新儒家之間的關係，此中種種的曲折，參見徐復觀，〈對殷海光先生的憶念〉，收錄於賀照田編選，《殷海光學記》（上海：上海三聯書店，2004.7），頁 30-40。又相關的文化論戰所牽涉的論爭文章史料與過程，可以參考李敖，《李敖全集 21——文化論戰的一些史料與笑料》（臺北：遠流，1988 二版）。而對於這一文化論戰，較為客觀的評論可以參見劉述先，〈文化論爭的回顧與批評〉，《文化與哲學的探索》（臺北：臺灣學生書局，1986），頁 13-49。

的贊成變法非受「今文學派」的影響，且他也不認識康有為、梁啟超。他之所以贊成變法，乃源自於他對社會與政治情況的評估，以及期望中國強大的愛國心。他贊成康梁在制度上的改革，如廢除科舉、設立新式學校等，但憂慮朝廷在短時間內急促頒布許多改革法令的舉動可能操之過急，他並草擬奏章，認為改革計畫的實行應當謹慎從事，在這份奏稿中，梁濟強調人心歸正與官吏清正乃是政治的基礎。這種主張「藉思想、道德以解決政治問題的方法」(intellectualistic-moral approach to political problems)和康有為、梁啟超的基本觀點相當契合，雖然康梁當時接近政治權力中心，使他們意識到須利用機會以實行制度的改革。故基本上梁濟是一個堅決的改革家，在許多方面，他是站在清季改革運動的前線，甚至清朝覆亡前，他對革命的態度是好惡兼有的，這是許多從前「變法維新」的人士之間是很普遍的現象。然同時梁濟也獻身於儒家的理想，但他非服膺某一特定儒家經典或對某一派宋明理學有深入研究的結果，而是自幼的教育與家中先人豎立的楷模，使他浸潤在充滿儒家文化氣息的環境中，受其薰陶而成為儒者，梁濟的儒家道德與宗教心靈奠立在道德的資源和判斷力是人性本有，此意謂著天生的道德資源與天理是和諧一致的，道德修養達到最完美的境界時，就是天人合一。而既然道德判斷力與道德資源是與生俱來的，相信這一信念的儒者自然熱切地期望自己能在社會中實現並光大自己的道德本性，這不只是個人的完成，同時也是為了使社會能有秩序。因為儒家認為「修身」與「齊家、治國、平天下」有著有機式的聯繫。這種將社會問題主要當作個人問題來處理之文化精神的特徵，在梁濟道德與宗教的心靈中再次得到肯定。

林毓生進一步指出，在面臨清末道德敗壞的政治與社會情況，沉浸在儒家信仰中的梁濟，深覺他應自覺努力實現他的道德本性以匡助中國社會的危機，亦即是把獻身道德修養的努力，既當成個人完成自我的目的，又當作影響社會使之和諧的秩序的手段，是以他堅持把他的自盡當作他對儒家「忠」的觀念的獻身的具體行動，並非就是為殉清而死。這項行動的目的是為了喚起他人，希望他們的行動與理想能夠一致。梁濟假設社會的基礎是道德，而不是社會結構

中的各項安排。因為從海耶克為代表的自由主義，實際上不是如此看待政治秩序的形成，在這比較思想史的視角下，林毓生指出在保存儒家道德傳統時所面臨的，如何對付歷史變遷的重大課題，對梁濟而言是不存在的，他未意識到如果不經歷基本的改變，儒家道德傳統對新社會是否仍舊有用，梁濟不自覺地把儒家的道德價值化約至普遍的層次，並且提出一個普遍主義式的論點來維護這些價值，但傳統主義的具體行為與抽象的理想和價值之間必須存有穩定關係才能使道德保守主義在社會中生存下去。[30]

　　實際上正如余英時所言，儒學不只是一種單純的哲學或宗教，而是一套全面安排人間秩序的思想系統，從一個人自生到死的整個歷程，到家、國、天下的構成，都在儒學的範圍之內。但從清末到民初以來，中國正面臨全面社會解體的過程，政治制度崩壞最早，緊接著是一切社會制度的全面動搖。這近百年來，中國的傳統制度在一個個地崩潰，而每一個制度的崩潰就意謂著儒學在現實社會中失去一個立足點。儒學與制度的聯繫中斷了，制度化的儒學已經死亡了，余英時有一生動的比喻，稱之為儒學死亡之後已成為一個遊魂了。余英時接著指出，今後儒學又將以何種方式維持它的新生命呢？傳統儒家的特色在於它全面安排人間秩序，因此只有通過制度化才能落實，沒有社會實踐的儒學是難以想像的[31]。余英時所論特別是指，當處於西方衝擊而追求西方的「民主」與「科學」的價值時，過往儒學還有其寄身的各種制度，例如科舉制度[32]，但這些制度消失之後，儒學已無寄身之處，欲使儒學得到新的生命，正如林毓生所言：

　　　五四以後，一些新傳統主義哲學家們自覺地從中國傳統中尋求「意
　　　義」(meaning)，這種活動與梁濟不自覺地視中國傳統當然具有意義

---

[30] 林毓生，〈論梁巨川先生的自殺——一個道德保守主義含混性的實例〉，《思想與人物》，頁 197-227。

[31] 余英時，〈現代儒學的困境〉，《中國文化與現代變遷》，頁 95-102。

[32] 有關科舉制度與儒學思想的關係，參見余英時，〈試說科舉在中國史上的功能與意義〉，《知識人與中國文化的價值》（臺北：時報，2007），頁 246-255；以及何炳棣著，徐泓譯注，《明清社會史論》（臺北：聯經，2013），一書中〈第一章 社會意識形態與社會分層化〉，頁 1-58。

是相當不同的。但在很多方面，新傳統主義哲學家們，如唐君毅和他的同道，依然擔負著梁濟的「保守主義」的問題，他們傾向於從普遍的觀點，為保存中國道德傳統作論辯，卻不能為傳統或傳統主義的道德價值與理想，創造在社會上新的與具體的展現方式。梁濟的實例顯示了，致力於找尋一個在社會上可以成長的道德保守主義的中心難題，早已在二十世紀的中國出現了。[33]

林毓生這段評論，對於二十世紀中國的傳統主義者及新儒家是很切中的評判意見。五四以來所要追求的自由、民主的西方價值、制度，如果不深切反思其在西方歷史發展中的複雜狀況，並據以檢視中國是否有資源得以轉化、建立這一發源於西方的現代文明價值，而若只是從普遍觀點去肯定儒家的價值，而未能就其如何在現實世界中找到具體落實這些價值、理念的方式。亦即是抽象的價值、理念必須有現實世界上的制度提供其寄身之處，否則傳統主義者及新儒家努力追求的理想仍會面臨難以實現的歷史困境。

林毓生同時也曾研究梁濟的兒子，著名的哲學家梁漱溟。梁漱溟最為人所注目的著作《東西文化及其哲學》(1921 年出版)書出版後，引起胡適對梁漱溟的批評。(胡適在 1923 年 3 月 28 日撰就批評梁著的書評，發表在 3 月 30 日出版的《讀書》雜誌)，胡、梁二人對此展開一些學術辯論(梁漱溟於同年 12 月的《哲學》第 8 期對胡評做了回應)。

林毓生研究分析，梁漱溟在這本名著中，首先提出西方文化是以意欲向前要求為其根本精神的(第一路向)；中國文化是以意欲自為調和持中為根本精神的(第二路向)；印度文化是以意欲反身向後要求為其根本精神的(第三路向)。而西方文化中的科學與民主是西方人「意欲向前要求」的精神產物，然而，梁漱溟對西方精神加以說明的時候，其最大的特點是：他並不認為這種西方精神只屬於西方的，自然也不認為其所導致的自由與民主是特殊的、只屬於西方文化的東西。是以梁漱溟認為西方精神，本是人類最初的、本來的路向。梁漱溟以

---

[33] 林毓生，〈論梁巨川先生的自殺——一個道德保守主義含混性的實例〉，《思想與人物》，頁 226-227。

「征服自然的異彩」、「科學方法的異彩」與「德謨克拉西的異彩」來標明西方文化的特色，同時指出這些特色本是其他文化也可發展出來的，因為其他文化最初的、本來路向也是西方文化所賴以發展的路向。可惜中國與印度在未曾完全走完這一路程，完全發揮出來這一路向所能導致的成果與問題時候，就中途拐彎到第二(傳統中國的)路上，把以後要走到的提前走了，成為人類文化的早熟。印度文化也是所謂人類文化的早熟，它是不待第一第二路走完而直接拐到第三路上的。梁漱溟根據他的理論的「內在理路」(inner logic)自然會推演出既然西方文化最初的、本來的路向，在這個路向發展出來的有價值的東西(如民主與科學)，本來也是其他文明(如中國與印度)也可發展出來的東西，只因偶然性讓它們中途拐彎，沒能走完全程，故民主與科學雖在西方獲得充分的發展，卻不應只屬於西方的，這些有價值的東西，不只屬於西方的，而是普遍的價值。

　　惟在梁漱溟的理解中，西方文化以意欲向前要求為其根本精神，雖造成發展了科學與民主(包括人權)，而獲得極大成績，但這種「浮士德·帕米修斯的性格與傾向」也造成西方「毛病百出、苦痛萬狀」之境。對此梁漱溟提出的方案建立在對於現代西方文化過度的發展與對於孔子思想的神髓的闡釋上。因為在梁漱溟的眼中，真正的孔子精神，在中國傳統中並未獲得充分的、切實的發展，那是「剛」的精神，梁漱溟認為以孔子「剛」的精神做基礎，不但可以恢復中國文化最優秀的一面，而且可以參考西方文化的「第一路向」奮往向前，並把它「含融到」「第二路向」，以便防止第一路向所帶來的危險。而這也是梁漱溟在書中建議中國人應持有的態度是：第一，要排斥印度的態度，絲毫不能容留；第二，對於西方文化是全盤接受，而根本改過；就是對其態度要改一改；第三，批評的把中國原有的態度重新拿出來。

　　林毓生指出梁漱溟的這些思想與主張，使得梁氏成為現代中國保守主義領袖之一；另一方面，它其實是自五四以來一項特別突出的文化保守主義理論模式的濫觴，亦即是後來新儒家所謂「民主開出論」的前身。但林毓生也指出梁漱溟的保守思想主張是無力的，因為一個有力的保守主義必須建立在有力的論據上。有力的保守主義通常是要保守傳統中獨特的東西，之所以要保守這些獨

特的東西，必須有獨特的理由。惟當中國傳統的文化與政治秩序崩潰以後，進步的保守人士(如梁漱溟)，一方面要接受西方的思想與價值，並設法使之在中國生根，另一方面又想保持他們所界定的傳統成分，如此，很難從界定傳統成分的純正性的論式中來保守傳統的成分，往往是用西方的範疇來界定傳統成分的相容性或未來的可行性；而西方的範疇，如科學與民主，往往被認為具有普遍性的，所以傳統的獨特性便很難予以界定，故無法保持傳統獨特性的保守主義當然是無力的[34]。

　　林毓生分析式思想史的研究，確實銳利點出梁漱溟文化保守主義內在思想的困境。林毓生因為對西方自由主義歷史發展的複雜性，有很深刻的理解，是以他知道西方自由主義所成的自由、民主體制牽涉諸多的歷史條件，它是一個逐漸慢慢歷史演化的過程，然而這一過程，它是以法治(the rule of law)為基礎方能建立起真正的民主、自由的體制，然而傳統主義者，尚限於傳統儒家的思維中，沒有意識到西方民主、自由歷史發展的複雜性，而這樣的問題，一直到海內外學界頗為矚目的當代新儒家，都同樣面臨類似的困境。

　　在林毓生的研究中，對文化保守主義新儒家的知識分子亦持續他的探究。林毓生認為唐君毅、牟宗三等人的新儒家，向來站在中國本位文化立場認為可由中國文化去開出西方的「民主」與「科學」，然而這正反映著二十世紀新儒家實際的思想困局。

　　「新儒家」一詞，其原始的涵義係指熊十力一系的哲學家專稱[35]，熊十力是推崇「陸王心性之學」的，而後在 1958 年，熊十力的學生唐君毅、牟宗三、

[34] 上述林毓生對梁漱溟《東西文化及其哲學》所呈現文化保守主義的問題與困境，參見林毓生，〈胡適與梁漱溟的論辨關於《東西文化及其哲學》及其歷史涵義〉，《政治秩序與多元社會》，頁 303-324。

[35] 「新儒家」一詞目前在中文語彙中，除指宋明理學的新儒家（Neo-Confucianism）外，另指二十世紀的一個思潮新儒家（New-Confucianism），惟目前用法上已有浮濫的現象，例如中國大陸上對中國學人只要對儒學不存有偏見，而認真研究儒學，或以哲學為取捨標準，只要在哲學上對儒學有所闡釋和發展的人，則都稱為「新儒家」。但是「新儒家」一詞的普遍流行及海外使用的原始涵義是指熊十力一系的人，包括唐君毅、牟宗三及徐復觀等人，著重在提倡宋明理學，尤其認同陸王「心性之學」，關於這一點，可參見余英時，〈錢穆與新儒家〉，《猶記風吹水上麟——錢穆與現代中國學術》，頁 58-59。

徐復觀等人，再加上張君勱等，共同發表了一篇宣言——〈中國文化與世界
——我們對中國學術及中國文化與世界文化前途之共同認識〉一文，宣言中強
調「心性之學乃是中國文化之神髓所在」，明確地透露出熊十力的基本觀點[36]。
且〈宣言〉中他們認為推展民主與科學不是中國文化理想的擴大，而是原有中
國文化的理想更高更大的伸展，而中國文化原有發展民主與科學的「種子」與
「內在要求」，故民主可從中國文化傳統「開出」，因為儒家向來推尊堯舜之
禪讓及湯武革命，確指「天下非一人之天下，而是天下人之天下」，此與君主
制度相矛盾，且儒家特別強調道德主體性，從中國文化之道德主體之樹立，必
當發展為政治上之民主制度[37]。

　　對於新儒家的看法，林毓生認為「天下是天下人之天下」這一命辭並不蘊
涵作為民主思想基石的「主權在民」(popular sovereignty)的觀念。因為在中國
傳統社群中，最後與絕對的政治權威從未被認為應該由人民持有，所以「主權
在民」與「人民自治」的觀念是不可能自動發展出來的。「天下是天下人之天
下」只能蘊涵傳統的「天下為公」的觀念：主權仍然在天，落實到人間，主權
則在天子手上。當傳統儒者意識到他所處的時代是「私天下」的局面時，他們
所能做的是找尋秉承真正「天命」的聖君，使「天下為公」，而非「開出民主」。
就民主可從中國原有思想「開出」說而言，新儒家所特別強調的中國思想自身
的力量的觀點，以比較的看法來考察，便顯得單薄。民主制度在西方發展是多
元的，極為複雜而曲折。雖然各家的理解不盡相同，但從來沒有任何人認為完
全或主要是由道德主體性的思想資源一元式地導致的。[38]

---

[36] 劉述先，〈當代新儒家思想的批評的回顧〉，《海外與大陸》（臺北：允晨，1988），頁 237-257。

[37] 唐君毅、牟宗三、徐復觀、張君勱，〈為中國文化敬告世界人士宣言——我們對中國學術研究及中
國文化與世界文化前途之共同認識〉，《民主評論》，1958 年 1 月號。多本著作皆曾收錄此文，本
文係參見唐君毅，〈中國文化與世界——我們對中國學術研究及中國文化與世界文化前途之共同認
識〉，《說中華民族之花果飄零》（臺北：三民書局，2011 二版三刷），頁 119-184。

[38] 林毓生，〈新儒家在中國推展民主的理論面臨的困境〉，《政治秩序與多元社會》，頁 303-324。林
毓生曾為文指出，實際上西方的民主、自由的發展至為複雜，以自由主義而言，它並不是單線式思
想建構的結果，而是歷史的演化所造成的。比如對西方自由主義中的容忍觀念與多元觀念的來源而
論，在討論容忍觀念的經典著作中，首推洛克(John Locke)在 1685 年用拉丁文所寫的〈論容忍的一封

　　林毓生對於新儒家的批評並不同於他的老師殷海光，殷海光與新儒家牟宗三、唐君毅、徐復觀都有一些私人來往，並產生一些情感、人事的分合與紛擾。林毓生大致上是從理知的觀點去對新儒家的思想主張提出分析，而這種分析評述是站在面對未來的關懷——中國與臺灣要具體的施行西方式的民主、自由的體制——這一思維之下來進行的。是以站在純粹的學術研究的立場，林毓生以為如唐君毅寫過許多有關古典儒家哲學與宋明理學的專著，有公認的成就；牟宗三對宋明理學的研究(尤其是《心體與性體》)更是學術上了不起的成就；而徐復觀因為對中國傳統的態度是批判的反省，故他對中國傳統政治壓制思想的反省是很深刻的。林毓生也肯定新儒家們在精神層面上所呈現的風格是值得敬重的。新儒家所關心的除了自由民主的實現外，還包括「五四」反傳統思想所產生的各種極為嚴重的惡劣影響，然當他們面對如何建立自由、民主的制度時，卻產生了諸多思想上的混淆，如林毓生批評唐君毅的思想方式取自佛學的華嚴宗與德國的黑格爾，但唐君毅的儒家入世的立場適與華嚴宗出世看法格格不入；而黑格爾的歷史觀強調德意志精神，其落實到德國的國家主義立場，其實是與後起的法西斯主義有複雜密切的關係，然儒家「仁」的哲學是要落實到「人」的身上，而非落實到「國家」上去的，是以儒家思想與黑格爾是不相容的，對

....

信〉，而洛克主張的容忍是指宗教上的容忍，因為西方宗教改革之後，出現許多彼此信仰方式不同的教派，這些教派都強調自己的信仰方式才真正合乎上帝意旨，別的教派都是異端邪教，後來有些教派與政治統治者產生密切關係，以致挾政治力量去迫害被認為是異端的教派。洛克認為這種宗教迫害，不但違反基督教以愛為出發的處世行事原則，而且本身也毫無意義。他主張各個教派彼此應該容忍，其主要的論點是要求各個教派應該接受西方歷史演變至十七世紀的事實：(一)政教分離，(二)不同教派的風起雲湧。洛克認為政府只能管維持外在生活所需要的外在秩序，不應該管人民內在的信仰。而一群人在精神世界中，志願組織起來，奉行他們認可的宗教儀式與生活方式，只要不影響社會安寧，都應該受到別的教派容忍。洛克的基本論式是順著既定的歷史事實(政教分離與不同教派的風起雲湧)加以推衍，方能成就西方對容忍觀念的接受。而在多元的觀念上，文藝復興時期的馬基維利 (Nicolò　Machiavelli)提倡重振古羅馬的精神，而這一非基督教的價值與當時基督教的價值是不能相容的，雖然在價值範疇上，馬基維利自己仍是一個一元論者，但在西方思想史上，他對歐洲中古以來所奉行的基督教所肯定的價值的挑戰，卻帶給西方為多元的價值觀念建立了一個思想的基礎，因為當兩種價值不能相容且不能戰勝或涵蓋對方而不得不並存的境況，價值多元的觀念就得到肯定了。這些當然都可以知道西方自由主義政治秩序建立的複雜性，而非儒家傳統知識分子一元論思想方式所能理解，詳細的分析，參見林毓生，〈兩種關於如何構成政治秩序的觀念——兼論容忍與自由〉，《政治秩序與多元社會》，頁 28-35。

此林毓生認為唐君毅正提供現代中國思想混亂的現象的例子[39]。而同樣地林毓生也質疑牟宗三未很嚴格地面對他自己很關心的一個問題:「自由民主和傳統

---

[39] 林毓生對新儒家,尤其是對唐君毅的這些批評,引起與第二代新儒家牟宗三、唐君毅、徐復觀交往甚密的學生輩杜維明之回應。杜維明批評林毓生評論唐君毅是「對前賢往哲缺乏起碼的敬意,又暴露借題發揮的武斷,頗令人費解」、「唐先生對西方哲學曾下過系統而深入的功夫;從蘇格拉底以前的希臘到海德格後期的德國都在其關照之中。他對黑格爾自然知之甚稀,不過說他因為用黑格爾的思考方式來研究中國哲學,結果犯了語無倫次的毛病是無稽之談。推崇英美自由主義的學者常不自覺地暴露出對歐洲大陸哲學,特別是德國哲學的偏見和無知」,杜維明暗指林毓生對牟宗三、唐君毅、徐復觀的學術研究是「一種浮光掠影印象」、「宣洩清懷」。對此林毓生為文回覆杜維明,基本上林毓生的回覆文章是論理堅實的,其實林毓生對唐君毅並不是沒有敬意,只是這種敬意並不排除認真地批評,且他評論唐君毅對中西文化的比較粗鬆、浮泛,平心而論並非無的放矢,且林毓生舉出杜維明把英美自由主義合在一起,顯得思想相當鬆懈。因為英國自由主義與美國自由主義不但有很大的不同,且有相當大的衝突,如果說杜威是一位美國的自由主義者,他的思想頗受黑格爾影響則是人盡皆知的事實,然而正統的自由主義對黑格爾哲學的許多方面是採取批評的態度,此乃是思想上這兩派(美國的自由主義與正統的自由主義)立場不同,思想方式不同,獻身的理想不同,故有不可避免的衝突之處,其實林毓生師承的三位自由主義思想家,一位是出身在維也納的奧國人(海耶克),一位是出身在布達佩斯的匈牙利人(博蘭尼),一位是出身在康德的故鄉的德國猶太人(漢娜‧鄂蘭 Hannah Arendt),他們三位都是受到歐陸正統教育出身的學人,其中漢娜‧鄂蘭還是雅斯培與海德格的學生,其中海耶克與漢娜‧鄂蘭為了逃避希特勒的迫害,才移民到英美來長期任教。但他們都推崇英國的自由傳統與英美的法治,並對黑格爾哲學的許多方面及後來的左派與右派黑格爾學派採取嚴格批評的態度。林毓生的自由主義思想大致上與此相同。或許杜維明因為寫作文章時是用一種雜文隨想式的寫法,而非用較正式嚴肅的論證方式行文,也或許是他對歐美思想史的發展之瞭解未及林毓生,故他的評論顯得較無論據與力量。惟客觀而言,新儒家牟、唐、徐諸位學人的著作卷帙浩繁,要全部通讀並下功夫研究,是必須耗費相當長的時間與精力。以此而論,就目前林毓生評論新儒家的文章,或許還看不出他已通讀全部這些新儒家學人的著作,所以不及他對中國近代的激進主義、魯迅以及西方自由主義的思想下過極深的功夫,是以他會受到不少的質疑,在某個意義上與此有關(質疑林毓生的這方面論文不少,例如李明輝,〈儒學如何開出民主與科學——與林毓生先生商榷〉,《當代》,第34期,1989年2月,頁114-125。李明輝基本上認為:林毓生(代表著自由主義)採取對中國文化進行「創造性轉化」以建立「民主與科學」;而新儒家秉持儒家的道德主體性以「開出民主與科學」的主張,或牟宗三提出的道德主體之「自我坎陷」以建立科學,以及《政道與治道》中提倡理性之架構表現要求將寄託在個人(聖君)身上的政權轉而寄託在抽象的制度,這需要人民自覺其政治上的獨立個性,成為君主的對立體,對立之局於此形成,民主制度亦由之成立。觀諸林毓生自由主義與新儒家陣營的主張,兩者基本信念之間,並無不可調和的根本矛盾。李明輝論文的討論值得深思)。又杜維明從年少時即與新儒家諸大家在學術上與私人情誼上交往甚密,也熟讀他們的著作。記得多年前筆者曾在臺北市金華街清華大學的月涵堂,聽牟宗三的學生林安梧先生的演講儒家學術課題,筆者會後私下請教林安梧先生對於新儒家所受到批評一事的看法,當時林先生即說過很多批評新儒家的學人,實際上並未好好地將新儒家的著作下功夫全部讀過,或許對新儒家批評之前,是必須作此功夫,雖然這是長期而艱苦的事情。林毓生與杜維明的相關的論辯文章參見:杜維明,〈一陽來復的儒學——為紀念一位「文化巨人」而作〉,《聯合報‧副刊》,1982

文化如何接筍？」，牟宗三說中國有「治道的民主」沒有「政道的民主」，其意義未明；而徐復觀對自由與民主的不同與兩者之間的緊張關係，了解的也不夠[40]。

故林毓生認為畢竟「自由」、「民主」與「法治」的現代觀念主要是源於西方，雖然中國有思想資源(如「仁」的觀念)可以與西方自由觀念匯通，且中國傳統也有民本的思想，可以作為推動「民主」的思想資源，但西方的「自由」與「民主」觀念與落實，牽涉到非常複雜的思想、社會、經濟、宗教、政治等因素，且必須以「法治」作為基礎，故必須了解整個西方的歷史、思想的脈絡才能求得真正的理解，並進一步去對中國文化傳統進行創造性轉化的接筍工作，他認為新儒家的思想於此能提供的資源實為有限[41]。

總的來看，林毓生對新儒家的批評重心是他們的思想方式與內容，亦即是質疑新儒家所提倡的由儒家的道德主體性(心性之學)可以開出民主制度這一思維與主張。

其實新儒家在二十世紀的華人地區（中國、臺灣與香港）實際上已是一個重要的思潮與文化現象，惟他們的思想定位，卻是有其特殊之處。余英時亦指出，首先新儒家第一代（熊）與第二代（唐、牟、徐）欲建立一個「道統觀」

年 12 月 2 日，第 8 版；林毓生，〈知的迷惘——簡答杜維明教授〉，《聯合報・副刊》，1983 年 3 月 4 日，第 8 版。實際上，從 1967 年殷海光給張灝的信中可知，杜維明當時曾經返臺並拜會過殷海光，殷海光信中就說：「我忽然認識了杜維明君。我們談了幾次。我並且聽了他的兩次講演，夠意思。他說話不慌不忙，態度極佳，學識穩實，情感內蘊而不激放。我看他將來可成大器。他最難得的是含蓄著一股道德力，給予我一種信賴感。維明說他和你及毓生頗有交情。這真是令人高興的事」，參見〈殷海光致張灝函〉，《殷海光書信錄》，1967 年 3 月 8 日，頁 277。殷海光對待學生、晚輩總帶有青年導師的風範，就如同魯迅一樣，而當時林毓生因研究寫論文的需要，所以轉到哈佛大學師從史華慈，故與當時哈佛留學的張灝、杜維明有較多的學術接觸，然林毓生思想史的學術取向，畢竟與杜維明新儒家的哲學進路有諸多的差異。

40 上述林毓生對新儒家唐君毅、牟宗三及徐復觀的批評意見，參見林毓生，〈面對未來的關懷〉，《思想與人物》，頁 411-421。

41 有關自由、民主與法治的關係，林毓生曾從中、西思想的發展作分析，極為深刻，參見林毓生，〈論民主與法治的關係〉，《思想與人物》，頁 423-435。林毓生的觀點早就超越中國和臺灣第一代提倡自由主義的胡適、第二代的殷海光等人對自由主義的理解深度，此乃源於林毓生對於西方政治哲學和社會思想有真正理解其中所蘊含的歷史複雜性。

的意識是至為明顯的，而其建立「道統觀」的方式，乃是採用超越的證悟方式，以對「心性」的理解和體證來判斷儒者是否得見「道體」，而在文字層面上的表述是運用哲學的論證方式，如牟宗三用康德的語言、唐君毅用黑格爾的語言，去建構其「道統觀」，而他們的抱負甚或超越一般意義下的學者，有著「宗教家」弘法的特質，而宗教家論證問題的方式有時是無法用一般理性去看待的。[42] 余英時這段對新儒家思想本質的描述，相當層面上點出新儒家的某些底蘊：他們不是一般意義的學術流派，而是帶有近乎宗教意涵的特殊學術。

其實第一二代新儒家思想之產生與中國當時五四時代反傳統思想環境有關，他們是對當初中國所面臨的「意義危機」與「科學主義」的反動而形成這種思想學派，[43]新儒家的思想性質，當代諸多重要的人文學者皆已有所探討。

除余英時曾指出「細察新儒家重建道統觀的根據，便不難發現他們在最關鍵的地方是假途於超理性的證悟，而不是哲學論證，康德－黑格爾語言在他們那裡最多只有緣助的作用，而且還經過了徹底改造」，「新儒家的主要特色是用一種特製的哲學語言來宣傳一種特殊的信仰」[44]，余英時很深刻地指出新儒家思想特質中的非學術性的性格，如唐君毅就曾說過：「義理明而後訓詁考證之得失可得而明」[45]，這種採取「六經注我」的方式，是與「史觀學派」先立一個理論框架或義理系統去治學，在某些層面上是相同的。而此時的文獻證據只是拿來證明其理論框架或義理系統是正確的，故此時已經不是客觀的探究史實的真實面貌，文獻證據的問題，都只是邊緣性的，這些皆是與「陸王心性之學」的「先立本心」或「先立其大」，重「約」而不重「博」的取徑相關的。故牟宗三以為明亡之後，中國已無生命的學問可言，他並且鄙視清代乾嘉考據之學的繁瑣、無生命性[46]。是以，余英時稱新儒家所倡導的是「教」，而不是

---

[42] 余英時，〈錢穆與新儒家〉，《猶記風吹水上麟——錢穆與現代中國學術》，頁 70-81；90-96。

[43] 張灝，〈新儒家與當代中國思想危機〉，《幽暗意識與民主傳統》，頁 79-116。

[44] 余英時，〈錢穆與新儒家〉，《猶記風吹水上麟——錢穆與現代中國學術》，頁 72-73；97。

[45] 唐君毅，《中國哲學原論》（香港：人生出版社，1966），上冊，〈自序〉，頁 7。

[46] 牟宗三，《中國哲學十九講》（臺北：學生書局，1982），頁 446-447。

通常意義的「學」[47]。對此何炳棣更是完全同意余英時此說，並稱為「真是一針見血之論」，何炳棣認為「今天的新儒家完全是為那個『教』，而不是為自己的良知」，是以在一九九三年七月十六日中央研究院學術諮詢總會第二次委員會中，何炳棣即全力反對中研院文哲所所提出對當代新儒家研究的「當代儒學研究計畫」[48]。因為在何炳棣的思想意識中，新儒家根本不是學術，而是「宗教」。當然余英時、何炳棣的學術背景皆是歷史學，而新儒家主要是哲學(或義理)取向較多[49]，或許某種程度可說是歷史學與哲學的思維進路不同所致，惟新儒家在詮釋中國古代儒家典籍，或許如宋明理學對古典儒家的詮釋一樣，是帶有創造性的詮釋。惟站在中國與臺灣需要發展民主、自由的關懷面向上而論，新儒家這些卷帙浩繁的著作，是否能如他們所宣稱的可由中國儒家的「心性之學」來開出民主，這是現實上需要作嚴格檢驗的知識課題。

對此林毓生即指出如牟宗三所提出的「無限心（良知）之自我坎陷」，從內聖之學曲通地「開出」科學與民主等等論說，強調由道德主體性出發將可達到民主。然而西方的民主制度在西方發展的歷史是多元的，極為複雜而曲折，雖然各自由主義學派的理解不盡相同，但從來沒有任何人認為完全或主要是由道德主體性的思想資源一元式地導致而成的，而實際上西方民主制度的建立所涉及的人權觀念、法治觀念、契約論、權力制衡觀念至為精深複雜，且與西方的社會、宗教、法律、經濟背景至為相關，這恐非新儒家一元論的由人的道德主體性（良知）曲通便能夠開出、建立[50]。

---

[47] 余英時，〈錢穆與新儒家〉，《猶記風吹水上麟——錢穆與現代中國學術》，頁80。

[48] 參看《中央研究院學術諮詢總會通訊》，第2卷第4期，1993年10月1日，其中的「當代儒學研究計畫審查經過」，頁50-59。

[49] 新儒家中的徐復觀是比較走史學的取徑，不過他在「考據」與「義理」之間，確也偏向「義理」的層面較多，又徐復觀與熊十力、唐君毅、牟宗三的交誼也確實較緊密。

[50] 林毓生，〈兩種關於如何構成政治秩序的觀念——兼論容忍與自由〉，《政治秩序與多元社會》，頁27-34；林毓生，〈新儒家在中國推展民主的理論面臨的困境〉，《政治秩序與多元社會》，頁344-346；林毓生，〈「西體中用」論與「儒學開出民主」說評析〉，《中國傳統的創造性轉化(增訂本)》，頁459-467。

　　是以林毓生認為新儒家的建樹，主要是在歷史方面，如新儒家的牟宗三對儒學自先秦至宋明的歷史發展的解釋，自成一家，但他認為牟宗三在思考問題時，一元式本質論與目的論的傾向非常強，那是摻雜著大乘起信論──黑格爾式思維模式的儒學第二期的餘緒，呈現二十世紀中國思想危機的一個面向。又牟宗三所提出的「無限心（良知）之自我坎陷」，從內聖之學曲通地「開出」科學與民主等等論說，基本上是使用具有普遍意義的形上學觀點來面對中國歷史境況中的特殊問題，牟宗三僅從形上學的領域，指出在開創價值的本體界就蘊涵著一切價值及其實踐的內在要求，進而也就蘊涵著自五四以來中國知識界的兩大價值（民主與科學）及其「實踐的必然性」。所謂「良知」乃是一切價值的本源，具有無限致善的能力，故良知的發用，將可曲通地「開出」民主(與科學)。對於新儒家牟宗三的這一思想主張，林毓生指出這對於在中國人的土地上如何建立民主制度與規範、如何建立民主的社會與文化等重大的實際問題，並無相干。[51]新儒家真正要提出在複雜的現實之中能具體可行的方法，如何落實民主的辦法、手段。新儒家正如同梁濟的自殺所呈現的歷史意義一樣，同樣面臨從普遍觀點來提倡儒家的價值，然而重要的是必須思考如何讓這些價值具體地落實在制度性的層面上。

　　林毓生更進一步指出新儒家強調內在道德主體性將可開出民主與科學的思維，實際上是與中國儒家的「內在超越」的宇宙觀相關[52]，「內在超越」的宇宙觀涉及到「天人合一」的觀念，這一觀念形成對人的內在力量有無限的信心，並以為透過這種心體可以去達成其所要的目標。而實際上對人內在力量的強調的新儒家，最為吊詭的是，他們是站在五四反傳統思想的對立面，然而他們與五四反傳統主義者在思想與文化的光譜上，雖然是在兩個極端，但他們同樣地也秉持著先秦儒家以來的「藉思想、文化以解決問題的方式」，希望藉此來在

[51] 林毓生，〈思想危機的一個面向〉，《讀書》，第 213 期，1996 年 12 月，頁 40-45；以及林毓生，〈面對未來的關懷〉，《思想與人物》，頁 411-421。

[52] 林毓生，〈新儒家在中國推展民主的理論面臨的困境〉，《政治秩序與多元社會》，頁 346-347。

中國與臺灣來推動民主與科學[53]。林毓生對此反思至為深刻，對於理解現代中國思想困局的癥結，提供了極具啟發性的論說。

對於傳統主義者或新儒家的肯定中國文化傳統，林毓生也與其師殷海光有所不同。他頗能肯定傳統的價值，並認為那是現代化的一個重要前提與基礎，如林毓生就認為儒家的道德主體性或道德自主性的觀念，的確可以變成與現代自由的民主(liberal democracy)及平等的自由(equal liberty)「接枝」的思想資源，這其實是林毓生多年來倡導對中國文化傳統進行創造的轉化(或創造性轉化)所認定的傳統思想所能提供的資源之一。然新儒家所強調的道德主體性或道德自主性理念自漢代以後深受陰陽五行學說影響而形成「天人相副」、「天人相應」的宇宙觀糾纏在一起。道德主體性與外在的現實客體有機地整合在一起以後，便很難發揮其本身的力量。除非漢代以後傳統宇宙觀自身發生劇烈變化，新的宇宙觀能積極地支持道德主體性觀念的發展，希望儒家道德主體性的思想「必當發展為政治上的民主制度」便很難不是一廂情願的願望[54]。是以林毓生提出與新儒家「開出論」不同的「創造性轉化」這一主張，然「創造性轉化」是一個很艱難但必須去施行的過程。

林毓生研究了五四中國以來思想光譜上的兩個極端：五四反傳統主義與文化保守主義者，雖然他們對於中國傳統所採取的文化態度迥然相異，但對於在中國如何推展自由主義的民主自由制度，都採取相同的中國傳統「藉思想、文化以解決問題的方式」之思維，形式上雙方的文化態度南轅北轍，然在深層的思維結構則殊途同歸。林毓生能深入繁複歧異的各種史料中，進而分析出這一在中國推展自由主義困境的癥結，在這嚴肅的學術研究中透顯著他個人對現實的公共關懷。

---

[53] 林毓生，〈論梁巨川先生的自殺──一個道德保守主義含混性的實例〉，《思想與人物》，頁 197-227；林毓生，〈胡適與梁漱溟的論辨關於《東西文化及其哲學》及其歷史涵義〉，《政治秩序與多元社會》，頁 303-324。

[54] 林毓生，〈新儒家在中國推展民主的理論面臨的困境〉，《政治秩序與多元社會》，頁 344-345。

(三)對殷海光的研究

　　林毓生早年受到殷海光的影響主要有兩方面：一是殷海光的邏輯實證論；二是殷海光的自由主義的立場。林毓生對於邏輯實證論的看法，在他赴美國留學後早已超越它；而對於殷海光自由主義的精神，他一直堅持不渝，但對自由主義的內容，他已超出殷海光的理解深度與廣度，這些可從林毓生對殷海光的研究評論中得知。

　　林毓生早年受到殷海光的思想啟蒙，在學術上受到邏輯實證論的影響，後來思想上受到芝加哥大學社會思想委員會的錘鍊，慢慢超越實證主義的思想藩籬。如林毓生在 1981 年所寫的〈翰墨因緣念殷師〉中，對於他早年受殷海光影響去閱讀羅素的著作有所反思。他以為當時對羅素的崇拜，並不是由於對羅素所談的問題有實質的理解，或發現他對這些問題所提出的理論的確具有深刻的見地的緣故。然羅素在社會、政治、文化幾方面所提出的見解，多年來之所以在國內如此受到歡迎，林毓生認為可能與一些人對邏輯與「科學方法」產生迷信有關，大家以為他是邏輯大家，懂得「科學方法」，應用「科學方法」所得到的見解，當然是正確的，然羅素對社會、政治與文化的見解，在很多方面是相當膚淺，甚至不通的。[55]林毓生認為他的工作基本上是在自由主義的脈絡之下，清理殷海光的邏輯實證論在中國世界裡所留下來負面的影響。[56]。

　　在自由主義的繼承上，林毓生亦有所超越其師殷海光之處，他對殷海光的自由主義言行上的意義有段評論：

> 殷先生言行的意義在於：在一般人不被允許參與政治的條件下，他
> 受到了作為一個公民所必須具有的責任感的召喚，以他那震撼人心

---

[55] 林毓生，〈翰墨因緣念殷師〉，《思想與人物》，頁 473。

[56] 林毓生，〈我的學思歷程〉，《Google/共識網》，發行日期，2010/01/20，http://www.21ccom.net/articles/lsjd/article_20100120972.html(瀏覽日期 2014/09/20)。

的道德熱情為原動力，硬要參與政治過程所發揮的政治性影響。殷
先生說：「唯有對民族，對國家，對當前危局抱有嚴重責任者，才不
辭冒險犯難，據理直言，據事直陳。」當時普通公民參與政治過程
唯一管道是言論領域，在「白色恐怖」的年代，殷先生以一個讀書
人扮演了近似反對黨的角色。在那個年代，大多數知識分子對於政
治避之唯恐不及，而殷先生卻逆流而行。[57]

　　從上面兩段林毓生對殷海光的評語，大致上可看出他是分兩個層面來看待
殷海光的歷史地位，在人格與道德層面，林毓生是對殷海光至為肯定與尊崇的；
而在學術思想層面上，林毓生則對殷海光的兩個主要學術面向提出保留與批
評，一是殷海光的自由主義的學術思想；另一是殷海光的邏輯實證論的立場。
　　然而饒富意義的是殷海光雖然是出身於邏輯實證論的思想傳統，但他卻對
道德極為堅持[58]，或許正如林毓生所指陳的殷海光的邏輯實證論並未滲透到他

....

[57]　林毓生，〈論臺灣民主發展的形式、實質、與前景──為紀念殷海光先生逝世三十三周年而作〉，
　　《二十一世紀》，第 74 期，2002 年 12 月，頁 6。

[58]　在某個意義上，因為邏輯實證論是不關涉價值、道德的知識學問，是以從新儒家如牟宗三等人眼中
　　看來，那大概不是他們所追求的「生命的學問」，然而殷海光卻以他的邏輯實證論的知識根柢投身
　　當時威權時代的政治批評工作，實際上他的事蹟正呈現了偉大的「生命的學問」。殷海光在西南聯
　　大時，影響他最深的老師是金岳霖，金岳霖可說是當時中國研究邏輯學最有名的學者，當時殷海光
　　到西南聯大就是為了追隨金岳霖。但後來金氏在中國大陸被迫寫了自我的懺悔書，引發了軒然大波，
　　因為懺悔書出來後，新儒家的牟宗三就為文批判金岳霖，他認為金岳霖這樣「純技術觀點與純個人
　　興趣的自由知識分子」，在學術上是陷於用邏輯分析把「把心分析掉」，且「在邏輯分析裡，父子
　　兄弟夫婦的倫常不能保，人性人道不能保，個性價值不能保，民族國家不能保，歷史文化不能保」，
　　且平日對共產黨與馬克思主義不留意也不了解，事到臨頭，既不能堅持其個人興趣的自由主義之立
　　場，又不能轉向正途，伸張大義，而卻漸漸轉向唯物論的立場，故受侮辱是必然的。對於牟宗三的
　　批評，殷海光則為文全力為其師金岳霖辯護並反擊牟宗三，認為他轉向唯心論之非，是走入魔道，
　　此可參見殷海光，〈我所認識之「真正的自由人」〉，《殷海光文集 13──學術與思想（中）》（臺
　　北：臺大出版中心，2010.12），頁 643-654。有關殷海光與牟宗三的關係，因為兩人皆是金岳霖的學
　　生，都接受過金的邏輯課訓練，有共同的學術語言，後來殷海光仇視牟宗三的原因，除上述事由外，
　　然根據與牟宗三交往甚密的徐復觀的看法是，牟宗三在不知不覺中把殷海光當學生看待，並寫信勸
　　他學問上應當轉向，這也是主要的原因，參見徐復觀，〈對殷海光先生的憶念〉，《殷海光學記》，
　　頁 36。

的生命意識的深層，而他的深層生命意識卻回應著更高、更強的道德理性散發出來的奇里斯瑪的召喚。[59]

在對自由主義的理解中，林毓生研究指出，殷海光的思想實際上是有一些前後發展和變化，在 1948 年 9 月殷海光的《中國共產黨之觀察》中，他認為提倡民主政治，基本上可以協助政府並補正規軍的不足，他是從現實政治方面來考量，具體來說是為了對付共產黨。而當殷海光來到臺灣，開始對民主與自由問題反思後，他則提倡民主的理由主要是因為落實民主政治最能維護「人的尊嚴」。如 1950 年殷海光發表的〈自由主義的蘊涵〉中所謂的民主政治的真正實現，可以防止「把人不當人」的弊病；而在 1952 年的〈自由人底反省與再建〉中所謂「只有真正實行民主…讓千千萬萬人民過點人的生活」，一直到 1966 年的《中國文化的展望》中仍強調民主底基礎是諸基本人權(如思想、言論、出版、教育、組織、宗教……等自由)。而對於這些種種論述，林毓生以為在當時專權、高壓的政治環境中，殷海光在闡釋民主與人權的正確觀點自有其歷史性的意義與貢獻。但對於如何建立民主制度，在當時中國的政治環境中還是很遙遠的事，因為從林毓生所承受的蘇格蘭啟蒙運動的正統自由主義的觀點看來，沒有法治就沒有民主，當時殷海光還沒有接觸到海耶克的《自由的構成》，對於法治的理解是有相當的誤解，比如他在〈自由主義的蘊涵〉文中，在正確強調「民主與法治底關聯是正比例的關連」以後，接著說「專制或極權國家，雖然不一定不講法治，但是這種法治似乎只是對於片面的要求；強有力者是否守法，不得而知」。對此林毓生指出其實專制或極權國家所講的「法治」是 rule by law（「依法而治」或法制）而不是 rule of law（「法律主治」或法治），而到殷海光在 1955 年所發表的〈自由的意義〉一文持論仍是把「法制」當成「法治」，一直到 1960 年接觸到海耶克的《自由的構成》以後，殷才在 1965 年的〈自由的倫理基礎〉中已能了解到法治不止於憲政主義：所謂法治，必須所有的法律

---

[59] 林毓生，〈殷海光先生的志業與臺灣的民主發展〉，《中國傳統的創造性轉化（增訂本）》），頁447。

是依從於某些原理原則。所以法治並非依法而統治，法律必須符合後設的立法原則。[60]

　　林毓生檢討殷海光自由主義思想，有肯定亦有批評，這是站在西方理知型追求真理的精神而為之，而其目的則是希望自由主義在華人地區的發展能有切實地進展。是以林毓生則總是聚焦於在自由主義發展史上，具有代表性學人的思想作一反思。故除殷海光外則是胡適，林毓生曾經選擇研究戰後臺灣，這兩位最重要自由主義知識分子胡適與殷海光的學術爭辯作為研究課題，並從中探析在臺灣的自由主義發展上所存有的困境。

　　1959 年胡適與殷海光在《自由中國》雜誌上發生了「容忍與自由」的討論，兩位學人對於如何構成民主、自由的政治秩序的意見頗有歧異。胡適強調應用理性的說服力去喚醒人們內在自覺要有容忍的精神，始能得到自由；而殷海光則尖銳地指出，用理性說服力要導致人們在道德與心理層面要有所容忍的說法是很難奏效的，尤其是對政治上有權力的人更是如此。其實這裡殷海光已經有逼出以外在的法治的制度來限制與疏導政治權力觀點的可能性。但當時中國知識分子沒有實際的思想資源，去思考民主自由最重要的是要建立法治的制度。雖然殷海光已明確指出胡適論點的不足之處，但他自己卻也只能站在不放棄中國自由主義的理想前提下，在形式的層次上，以運用知識分子自身的本領（理性的說服力）的立場，繼續呼籲胡適多多向有權有勢的統治者說服。然而胡適與殷海光之所以呼籲人民或政府要有「容忍」才能得到「自由」，雖然發言針對的對象不同，但一樣是源自於一種中國一元論的「藉思想、文化以解決問題的方式」的思維所致，這是因為他們認為政治秩序之形成，主要是來自於道德與思想的直接影響，也就是「政者，正也」的儒家傳統文化深沉的影響[61]。故而忽略西方自由主義的建立主要是奠基於制度層面的建構（尤其是法治）。

---

[60] 林毓生，〈殷海光先生闡釋民主的歷史意義與中國民主理論發展的前景〉，收錄於韋政通等著，《自由民主的思想與文化——紀念殷海光逝世 20 周年學術研討會論文集》（臺北：自立晚報社，1990），頁 214-224。

[61] 林毓生，〈兩種關於如何構成政治秩序的觀——兼論容忍與自由〉，《政治秩序與多元社會》，頁 3-27。

　　林毓生對殷海光的研究評析，實際上符合殷海光自由主義的精神。而同時林毓生的反思自然帶有現實上的公共關懷之精神，他希望一個較符合人性尊嚴的生活方式能在華人地區真正實施。而對於殷海光在邏輯實證論的思想立場下，不斷提倡邏輯與科學方法，林毓生亦有著深刻的反思。他認為這是近代中國自五四以來一種「科學主義」的意識形態所致，林毓生並透過精研的論述，指出殷海光這種實證主義思維的思想來源與歷史。他認為殷海光對「科學方法」的崇拜這一思想傾向，其在近代中國的發展，是源自民國初年以來的「科學主義」的一項意識形態的立場，它強詞奪理地認為，科學能夠知道任何可以認知的事物(包括生命的意義)，科學的本質不在於他研究的主題，而在於它的方法。所以科學主義者(以胡適為代表，其他如丁文江)認為，促進科學方法在每一個可能領域的應用，對中國和世界來說是非常必要的。林毓生曾透過中國現代思想史上的丁文江、張君勱、胡適的「科學與玄學」學術論爭事件的考察，他發現丁文江、胡適兩人是站在認為應該建立科學的人生觀的立場，而張君勱則是認為科學無論如何發達，而人生觀問題的解決，絕非科學所能為力，故他希望維持人的道德自主性。兩造雙方的立場極為不同，但是林毓生指出他們對於何謂科學，實際上都受到當時流行的「科學主義」式的對客觀性(或客體)的「理解」之影響，而採用了對於客體頗具實證主義色彩的觀點，如張君勱認為客觀性(或客體)與主觀性(或主體)是截然分開的，因為彼此獨立，無法匯通，科學屬於客體的範圍，他認為科學絲毫不能解決以精神和道德自主為基礎的人生觀問題，所以人生觀不可能與科學屬於同一範圍。丁文江則批評張君勱是玄學鬼，但雙方面有一基本的論點認識：他們都相信主觀性與客觀性是根本不可逾越的，並認為歸納法是科學研究的本質，科學的研究是客觀的。然這是對西方真正的科學的性質有所誤解，根據西方傑方思(W.Stanley Jevons)的《科學的原則》這部十九世紀邏輯和科學方法的權威經典著作論及，科學方法主要是：在科學研究中建立假設，而假設的功能則是：對於事實加以選擇與解釋，這種選擇與解釋受科學家在研究過程中含有預期性的理念影響很大。實際上假設·演繹的方法才是科學程序的本質，科學的研究本身是演繹法與歸納法互相為用的互動過

程——主觀「猜測」與客觀經驗錯綜複雜地揉合在一起，以致無法相互分離，在科學研究中談論主觀與客觀之完全分離是不正確的。[62]林毓生對這一科學主義意識形態的思想的源起之解釋，是把它歸之於在中國傳統文化結構，於五四激進的反傳統思想的衝擊下而崩潰之際，於是需要新的意識形態(如科學主義)來填補新的空缺[63]，以及傳統的有機式世界觀(如天人合一的觀念)，[64]與傳統一元論思想模式的重大影響，方才造成一種對科學本質的誤解，以為科學研究是絕對客觀的，不含任何主觀的成分。這種思想的理解，配合西方科學革命所帶來輝煌的成就，於是知識分子產生了對科學的崇拜，進而形成了一種意識形態立場的「科學主義」的思想：它認為科學能夠知道任何可以認知的事物(包括生命的意義)，以及科學的本質不在於它研究的主題，而在於它的方法，「科學」已成為了近乎神聖的宗教。

是以，從胡適以來，中國知識分子這一「科學主義」的意識形態延續了好幾代，殷海光處於五四啟蒙思潮下，亦對科學產生了宗教式的景仰與崇拜，於是對「科學方法」產生了迷信。其實這一「實證主義」的思維，直到臺灣的行為科學的學者中，仍然是普遍存在的，如林毓生在 1980 年代初期與著名的心理學家楊國樞在關於「臺灣是否為一多元社會」的學術筆戰中，仍可看到「實證主義」在人文社會科學界中的持續影響。

---

[62] 林毓生，〈民初「科學主義」的興起與涵義——對民國十二年「科學與玄學論爭」的省察〉，《政治秩序與多元社會》，頁 277-302。

[63] 林毓生，〈民初「科學主義」的興起與涵義——對民國十二年「科學與玄學論爭」的省察〉，《政治秩序與多元社會》，頁 295-300；以及林毓生，〈近代中西文化接觸之史的涵義：以「科學與人生觀」論戰為例——為紀念張君勱先生百齡冥誕而作〉，《政治秩序與多元社會》，頁 75-91。

[64] 「天人合一」的觀念是儒家有機式世界觀中一個最突出的特點，這個觀念蘊涵了超越的「實在」內涵於宇宙之內，而人是整合於這個宇宙中的一部分，林毓生對這問題的討論可參見，Lin Yü-sheng（林毓生），"The "Unity of Heaven and Man" in Chinese Thought : Some Historical Implications"，收錄於中央研究院第二屆國際漢學會議論文編輯委員會編，《中央研究院第二屆國際漢學會議論文集》（臺北：中研院，1989），頁 251-264；林毓生，〈鍾理和、「原鄉人」與中國人文精神〉，《思想與人物》，頁 381-382；以及林毓生，〈兩種關於如何構成政治秩序的觀念——兼論容忍與自由〉，《政治秩序與多元社會》，頁 6-9。至於「天人合一」觀念的歷史演變，最近重要而有原創性的討論，參見余英時，《論天人之際：中國古代思想起源試探》（臺北：聯經，2014），書中〈第六章 「天人合一」的歷史演變〉，頁 171-218。

(四)與楊國樞的學術論爭：對實證主義的批評與超越

　　1983 年臺灣學界發生了一場林毓生與楊國樞的學術論辯，論辯起源於林毓生 1983 年回國參加中央研究院三民主義研究所主辦的「中國思想史研討會」，他並在 8 月 25 日在臺大學生活動中心大禮堂發表「到底什麼是多元社會」演講，而次日《聯合報》披露了演講的要點。其中提及林毓生認為臺灣還不是一個多元的社會，因為臺灣有錢人花錢的方式的「單元化」，並據以說明臺灣社會尚未多元化，且如臺北是個二百多萬人的大城市，有各種不同性質的基金會，卻無一座像樣的音樂廳，可知這個社會運用財富的途徑不多樣，也不均衡。楊國樞據此《聯合報》的報導，認為林毓生所言「臺灣不是一個多元社會」的論斷，值得商榷。他並提出想論斷臺灣是否為多元社會，必須同時從事兩個層次的分析：(1)以世界上公認的多元社會為對象，進行實徵地與概念的分析，從而抽離出社會多元化的共同標準或向度；(2)以臺灣當前的社會為對象，針對社會多元化的主要標準或向度，以實徵研究的方法，進行定性和定量的分析。據此楊國樞指出林毓生未提出具有實徵意義的社會多元化的標準，並就這些標準來提出具體證據或分析，亦即是以這些標準為依據，並在臺灣社會從事定性與定量的分析。而楊國樞認為從對多元社會的科學之研究與分析看來，社會多元化的標準或向度有以下幾項：(1)思想信仰的多元化，(2)價值觀念的多元化，(3)行業職業的多元化，(4)自立社團的多元化。[65]

　　對楊國樞的批評，1983 年 11 月林毓生隨後提出回應，首先他說明楊國樞只根據大眾傳播的報導來做學術評論，違反了學術慣例。畢竟報紙的新聞報導因其自身的特性與需要，本來就有選擇性的，斷章取義或誇張報導，不夠精確，這是普遍的現象，其次林毓生也聲明 8 月 25 日的演講，他並未用二分法的方式否定臺灣社會多元的現象，也未斷言臺灣仍是傳統的一元社會，他以為臺灣社

---

[65] 楊國樞，〈臺灣還不是一個多元社會嗎？〉，《中國論壇》，第 16 卷第 11 期，1983 年 9 月 10 日，頁 61-62。

會雖然有些多元的現象，但另方一面也呈現並未多元或表面上似是多元，實際上並未多元的現象，所以臺灣社會呈現著尚未定型的、或轉型期甚難界定的特性。林毓生以他向來承受西方正統自由主義的觀點，提出在法治沒有突破性的進展之前，難以稱臺灣為多元社會，並且對於楊國樞批評林毓生未做實徵調查研究一事，林毓生說：

> 楊先生特別強調臺灣社會已有的定性定量的社會科學方面的實徵分析；這種社會科學的工作如果做得廣闊而深切，它能提供許多知識，所以在原則上我是甚為歡迎的。但如果做得不夠廣闊而深切，它卻不一定能夠提供新的知識，有時反會造成許多混淆，或對複雜的社會現象產生外表標明是科學的、實際上是簡單化的解釋。關鍵在於當初問題的設計是否能夠涵蓋客觀現象的整體及其特殊性與複雜性，與在研究過程中研究者解答問題的能力與資源。因此，並不是只要是實徵的社會科學的研究，就一定是比較可靠的。有時，因為問題設計的不當，產生頗為偏頗的結論是常有之事。[66]

　　對於林毓生的回應，隨後楊國樞立刻有兩篇文章：〈現代化歷程中的變遷現象〉、〈與林毓生教授再談多元社會〉間接或直接回應了林毓生的論述。楊國樞認為林毓生對判斷臺灣僅為一轉型期的社會所依據的具體標準說明甚少，更未就各項判斷標準提出有關臺灣社會的實徵資料。故從一個社會科學研究者的眼光來看，林毓生對臺灣社會的整體判斷是籠統而印象式的，他認為林毓生的這種短暫的個人所獲得主觀體認，並不能取代各種實徵分析所得的社會資料，楊國樞說：「作為一個社會科學的研究者，在有關實際社會現象的探討上，我對任何印象式的主觀論斷都有幾分保留，對任何實徵性的客觀資料都有幾分信賴」，楊國樞也對林毓生文中一再強調法治是建立多元社會的先決條件質疑，

----

[66] 林毓生，〈臺灣究竟是不是一個多元社會嗎？——簡答楊國樞教授〉，《中國論壇》，第 17 卷第 3 期，1983 年 11 月 10 日，頁 54-55。

他認為雖然他也很重視法治在多元社會的重要性，但並不認為一定先要有法治才可能有多元社會。恰恰相反，法治常是社會多元化所導致的結果。[67]

對此楊國樞則提出一套社會多元化的實徵標準(如職業的多元化、社團的多元化、思想的多元化、參與的多元化、分配的多元化、消費型態與休閒活動的多元化等)，據此楊國樞分別對這些項目做實徵的調查，從定性和定量的觀察視角，給予每個項目量化評分，並推論臺灣已是多元的社會。[68]

針對楊國樞文章的看法，隔了兩個月後，林毓生寫了一篇長文〈什麼是多元社會——再答楊國樞教授〉，更完整說明他的立場。林毓生認為他所使用的多元社會(pluralistic society)與楊國樞所謂的「多元社會」的定義有相當的不同，楊所謂的「多元社會」主要是指社會各方面的「分殊化」(diversification)，意思頗近似社會學中「社會(內部)分殊化(social differentiation)」，而楊國樞所堅持臺灣已是多元社會的基本理由主要是一個「量」的與枚舉式的「類」的觀念——經由他採用的實徵方法，發現在數量上與種類上臺灣社會已有許多不同的——分殊的——現象，據此認為臺灣已是多元社會。但林毓生所謂多元社會的看法，不是指社會內部的「分殊化」，不過有些多元現象與「分殊化」是重疊的；但另外一些多元現象卻與楊國樞所謂的「多元現象」不同，林毓生根據他所承受的蘇格蘭啟蒙運動的正統自由主義的思想，主要是洛克、亞當·斯密、佛格森(Adam Ferguson)、休謨、康德、博蘭尼(Michael Polanyi)、海耶克的學術傳統，從西方政治與社會哲學傳統論析自由主義的文獻來使用和定義多元社會這個名詞。他認為多元現象必須蘊涵至少是某種程度的個人自由。沒有自由的「分殊」不是多元。亦即是只有在公平的法律之內，不妨害別人自由的情況下，自由地發表自己的意見，組織自己願意組織的社團，做自己要做的事，才是多元現象。林毓生所界定的多元社會可以說就是自由的社會。其所謂多元社會

[67] 楊國樞，〈與林毓生教授再談多元社會〉，《中國論壇》，第 17 卷第 7 期，1984 年 1 月 10 日，頁 55-58。

[68] 楊國樞，〈現代化歷程中的變遷現象〉，《中國論壇》，第 17 卷第 5 期，1983 年 12 月 10 日，頁 11-17。

(pluralistic society)是社會成員在法律秩序之內，在康德所謂的互為目的的人際關係之中，與人們發揮彼此為用的社會與經濟秩序相重疊之後，根據自我的興趣與素養(discipline)可以做自己所要做的事的一種社會。海耶克有時稱自由的社會為多元社會(pluralistic society)，而海耶克與博蘭尼的自由主義，從社會與政治層面來說，主要是建立在法治(the rule of law)觀念之上的，亦即是以法治為架構的社會才能是一個自由的社會。而這裡的法治是指法律必須是公平的、普遍的(能夠應用到個人身上的)與抽象的(沒有具體目的的、不為任何政治利益團體服務的)，是以林毓生質疑楊國樞以量化與枚舉式分類的辦法來說明多元社會是有問題的，因為在他的實徵研究中無法去論及和評析社會內部的分殊化現象是否都蘊含著個人的自由[69]。是以要根據這些楊國樞所做的實徵調查資料去論斷臺灣是否為一多元社會，基本上是困難的。

這場學術論爭反映了受行為科學影響以心理學為專業的楊國樞，和受歷史學和思想訓練的林毓生的觀點之歧異，其中的關鍵就在於「實證主義」的問題。而從思想史發展看來，這實際上亦是胡適、殷海光以來，中國知識分子「科學主義」意識形態的持續影響。

對此林毓生認為應該放棄實證主義(positivism)的基本假定，而要用批判的理性做反省，以具體問題為主，來進行切實的研究。實際上，楊國樞所受的學術訓練基本上是實證主義的思維。對此林毓生曾分析實證主義後來變成邏輯實證論(logical positivism)，這一學術思想實證主義它們特別重視感官所能知道的事實，認為所有的命辭都必須根據他們認為的事實才能成立，他們另外特別注重證明，所提的主張都必須證明出來，如果無法證明，那就是沒有道理，經過證明以後得到的肯定，是合乎理性的，反之，則否。他們所要追求確實(certitude)，任何東西到最後一定要確實。一切都要根據他們所謂的「客觀」事實。凡與這些觀點不相容，都不可相信，如信念不能得到證明，照邏輯實證論的說法，就不應相信你所認為的信念。故如道德、藝術無法證明出來，邏輯實

----

[69] 林毓生，〈什麼是多元社會──再答楊國樞教授〉，《中國論壇》，第 17 卷第 11 期，1984 年 3 月 10 日，頁 32-38。

證論者就會覺得這些是無意義的。實際上近代西方許多社會科學的哲學基礎就是邏輯實證論，許多社會科學家自認他們的工作本身不講價值，只講功能，所以只講功能的時候，很多人都落入這個圈套。現代西方文化產生危機與這種思想佔有龐大勢力有很大關係。林毓生同時指出一些臺灣與許多西方社會科學家一樣，把「功能」與「功效」當做「價值」，在這種把他們的基本假定視為當然，未做嚴格考察的情況下，正犯了「化約主義」與「相對主義」的困境。

林毓生進一步指出，從實證主義的思想淵源來作考察，它其實是源自於法國笛卡兒以來的「理性」觀知識論，所謂「我思故我在」。其實笛卡兒以來的「理性」觀，後來在西方思想的演變下，造成「主觀」與「客觀」的主客二元對立，是以這種看法影響了後來社會科學對「主觀」與「客觀」看法，但其實笛卡兒的「理性」觀，雖然很精銳，但其實在思想上的影響是頗為負面的。[70]

林毓生曾從思想史的角度分析，近代馬克思主義以科學的面貌出現，並提出在現實社會建構其共產主義的理想國度，這實際上正是與他們對「理性」、「科學」功能與意義理解的錯誤，以及「實證主義」、「科學主義」的思想有密切的相關，這也是林毓生何以要對「實證主義」、「科學主義」有所批判的原因[71]。

林毓生與楊國樞的這場學術論爭，雖然並未引起當時學術界的進一步反思，然而論爭背後所蘊含思想史上的意義，其實是關係著臺灣人文、社會科學界要如何建立更精確的研究取向，也涉及現實歷史上如何去理解共產主義興起背後的思想深層結構。

---

[70] 林毓生，〈什麼是理性〉，《思想與人物》，頁 57-86，特別是頁 63-72。

[71] 林毓生，〈略談西方自由主義對馬克思主義的批評〉，《民主中國》，第 8 期，頁 60-65；林毓生，〈民初「科學主義」的興起與涵義——對民國十二年「科學與玄學論爭」的省察〉，《政治秩序與多元社會》，頁 277-302。

六、林毓生對中國與臺灣現實政治的批評

　　林毓生除了這些嚴肅的學術論著，在更深一層次中，呈現他關懷現實政治的精神。對於現實政治的是非曲直，他也很直率的在論文或政治評論文章中表達他知識分子議政的精神。其中有針對蔣介石、毛澤東、蔣經國、李登輝及陳水扁等人的政治作為，也有針對中國與臺灣幾個重要的歷史、人物事件，都有深刻的評論意見。

　　對於蔣介石，林毓生了解他的老師殷海光在蔣介石主政之下所受到的政治壓迫，同時對於戰後臺灣蔣介石的白色恐怖及威權統治，林毓生亦親身經歷那一時代。故林毓生批評當時蔣介石的統治集團是一個結合右派法西斯意識形態、左派列寧式政黨組織，並混雜著中國舊社會幫會性與家天下性格的政治勢力。它在公開的宣傳中，竟然把「領袖」放在「國家」之上。是以迫害當時《自由中國》雜誌社的雷震、傅正[1]。同時林毓生指出蔣介石政權統治臺灣數十年，局面雖然相當穩定，經濟也頗有發展，但在法治與公民社會方面沒有甚麼進展。它的性格是強人領導、通商口岸秘密結社的會黨性，與列寧式政黨組織的相互揉雜，是具有「私性政治」的本質[2]。這樣對蔣介石的政權批評，基本上是符合歷史真實的。然林毓生的著眼點顯然更是聚焦於政治人物對促進民主自由體制是否有貢獻這一層面，尤其特別著重於是否有推動「公民社會」的建立，因為那是民主自由政體能否形成的重要社會、政治條件。故他對於蔣介石的「抗日」

----

[1] 林毓生，〈敬悼民主運動先驅者傅正先生〉，收錄於宋英等著，《傅正先生紀念文集》（臺北：桂冠，1991），頁 46。

[2] 林毓生，〈五十年代臺灣的政治環境與殷海光先生對我的影響〉，《聯合報副刊》，1994 年 10 月 17 日，第 37 版；以及林毓生，〈論臺灣民主發展的形式、實質、與前景——為紀念殷海光先生逝世三十三周年而作〉，《二十一世紀》，第 74 期，頁 10-11。

民族主義的功績並沒有加以提出讚揚，其實他對於民族主義有時有害於自由主義的發展是有所體認並提出警告。[3]

　　而對於蔣經國的歷史評價，林毓生是給予一定程度肯定的。他指出蔣經國在世的最後兩年自我啟蒙，以鞠躬盡瘁的精神，做了歷史性的突破，以解嚴、開放黨禁、報禁等重大措施，推進臺灣民主政治的發展。儘管 1980 年代後期，臺灣社會、經濟的新發展，亦構成推進民主政治的有利條件。但臺灣維持三十多年強人政治的戒嚴體制，最終能導向民主政治的關鍵，仍繫於執政黨最高領導人蔣經國個人的抉擇。而蔣經國在世時，並不依照傳統的政治行為模式栽培接班人，清楚表明將來繼承問題，要依憲法程序解決；且蔣經國的遺囑，主要就是「始終一貫積極推行民主憲政建設」，[4]這些作為都是林毓生基於落實民主自由的目標而給予蔣經國至高評價的原因。眾所周知，蔣經國的晚年與他早年的作為有諸多的不同，曾經經歷過共產主義洗禮，後來成為其父親蔣介石特務的總管，且擔任《自由中國》「雷震案」的執行者，這些當然都是蔣經國備受爭議之處，林毓生自然皆了解此中的曲折。惟晚年的蔣經國「自我啟蒙」之後，所做的諸多政治開放，儘管有外在的歷史環境的推移，但歷史的發展，有時人的意志，亦在其中扮演一定的角色，而林毓生秉持自由主義的立場，對晚年蔣經國的開明作為及對權力的自我節制給予肯定，這更證明蔣不是為政治意識形態所化的人。

---

[3] 林毓生就曾分疏托克維爾的「反思的愛國主義」(reflective patriotism)與「本能的愛國主義」(instinctive patriotism)的概念。「反思的愛國主義」是指以開放的態度探索，建設國家長治久安的制度與文化，這種愛國主義，首先要釐清黨國不分的謬誤；而「本能的愛國主義」，那是民族、國家被屈辱以後的本能反應。團結才有力量，「本能的愛國主義」是集體主義式的愛國主義，它有其依賴性，因為它自己提不出建設國家的方案，它必然需要依賴政治人物所提出的方案來完成它的企盼，所以常常被政治運動與政客們利用，參見林毓生、錢林森，〈知識份子的歷史擔當與人格堅守-林毓生教授訪談錄〉，《跨文化對話》（北京：三聯書店，2011.5），第 27 輯，頁 264-265。所以林毓生從托克維爾的細緻分析中，得到對於「本能的愛國主義」的那種民族主義，是要有很大地警惕的。

[4] 林毓生，〈從政治文化的轉移看民主政治的發展〉，《聯合報》，1988 年 3 月 27 日，第 2 版；〈繼承經國先生遺志，努力推進法治民主〉，《聯合報》，1988 年 1 月 15 日，第 2 版。

　　而林毓生秉持其師殷海光的自由主義精神與作為，對於臺灣處於戒嚴體制，無法落實人民在民主政治下的各項權利，亦發揮知識分子的議政精神。如當 1979 年，美國在與中共建立正式外交關係，而與臺灣的中華民國斷絕外交關係時，此際蔣經國總統當時則暫時停止正在進行的中央民意代表增額選舉。對此林毓生仍勇於提出呼籲「政府如欲取信於民，必須恢復暫停的中央民意代表增額選舉，使民主漸漸制度化。執政黨應有理性的自信，要知道只有去一『私』字，真心實行民主，才能使大家心連心。」[5]

　　在 1982 年當時臺灣還是處於戒嚴體制，不可以組織政黨，對此林毓生也表示，從其他國家發展自由、民主的歷史來看，政黨政治的確是一個常軌。原則上也應該實行政黨政治，就算當時不適合開放黨禁，政府也要切實擬定開放黨禁的時間表，使中國政治逐步走入民主的常軌[6]。這些都是在戒嚴體制國民黨威權尚掌權之時，林毓生所提出的政治改革、開放的建言。這些建言在現在臺灣早已實行民主憲政的政黨政治體制之下，或許卑之無甚高論，但倘若放在當時臺灣的政治氛圍下來考察這些言論，仍顯得難能可貴，這也是林毓生自由主義精神的具體呈現。

　　然而在臺灣歷經解除戒嚴，逐步邁向民主的過程中，曾經面臨 1990 年代左右臺北中正堂的學生運動，對於當時萬年國會的不合理體制提出抗議。對此林毓生頗表支持贊同，尤其在政治立場選擇上，他認為學生不和政黨掛勾，保持獨立性，林毓生稱讚頗有政治智慧[7]，對照之後臺灣政治的發展，這場學運是有著重要地推進民主的歷史意義。

　　而對比之下，1989 年 4 月起的中國大陸學生運動，最後卻導致六四天安門的屠殺悲劇，對此林毓生對於當時中共領導人鄧小平的歷史格局有頗為精準的批評。他認為鄧小平只看重實際問題，不懂經濟改革開放後必然會帶來政治改

5　〈史華慈、林毓生對話錄——一些關於中國近代和現代思想、文化、與政治的感想〉，《思想與人物》，頁 441。

6　林毓生，〈民主自由與中國的創造轉化〉，《思想與人物》，頁 290。

7　林毓生，〈和平理性不與政黨掛勾，對臺灣民運具正面意義〉，《聯合報》，1990 年 3 月 24 日，第 4 版。

革的要求，知識分子所要求的只是漸進的民主，但鄧小平卻以反精神污染、反自由化，到最後以暴力來鎮壓學運。這種政治鬥爭本質難以改變，這可歸因於中共的崛起完全得之於政治鬥爭，其革命基礎不過是列寧式黨、軍、特務組織，馬列教條和毛澤東思想，最實際而起了重要作用的則是農民運動。在林毓生看來中共是農民暴動集團一躍而為統治者，他們無異張獻忠流寇者流。深究其實，中共領導層可說正是融合了中國政治的家長制、中共政治與軍事勢力的幫會性、農民暴動的破壞性與對知識分子的仇視，以及列寧、史大林的「極權主義」（totalitarianism），可說是東西方政治傳統中最惡毒部分的結合[8]。

林毓生對中共政治的本質了解甚深，也從未對中共存有天真的浪漫幻想，同時對在共產黨統治下文字使用的虛實，其背後所蘊含的政治意涵有諸多反省。他指出如馬克思主義是合併空想的烏托邦主義與反科學的「科學主義」而成的，而自認體現馬克思主義的中共則隨時強調它是根據馬克思主義而建立的政權。在它主觀的語意架構中，它以為根據馬克思「科學的社會主義」建立的政權是科學的，所以具有必然的進步性，亦即是中共這個政權是正當的。於是在毛澤東時代，語言使用上是否符合他們認為的為科學，實際上就等於什麼是符合或違背中共的要求的。另外在中共的語彙下，動輒使用「封建」譴責中國的過去，其實與中國的史實不符，基本上封建制度在秦漢官僚帝國建立後已經失去主導的地位，然在中共的語彙中，「封建」是「惡毒的」異語同義字，而實際上在西方與日本的歷史上，封建制度與文化是為未來他們歷史發展種下進步的種子[9]。語言就是生活的反映，從中共社會這些語言的使用，可以探知其後面所蘊含的某些政治(權)的暴力性、任意性的特質。

....

[8]　林毓生，〈自傷自毀的民主悲劇〉，《聯合報》，1989 年 9 月 15 日，第 9 版；以及唐光華，〈自由主義者的悲觀-林毓生談一九八九北京學運與中國民主前途〉，《中國時報人間副刊》，1989 年 9 月 19-21 日。而對於中共的崛起及毛澤東思想中的烏托邦主義的探討，林毓生有長篇論文探討，參見林毓生，〈二十世紀中國的反傳統思潮與中式馬列主義及毛澤東的烏托邦主義〉，《新史學》，第 6 卷第 3 期，頁 95-151；以及林毓生，〈二十世紀中國激進化反傳統思潮、中式馬列主義與毛澤東的烏托邦主義〉，《公民社會基本觀念(下卷)》，頁 785-863。

[9]　林毓生，〈共產文化下的文字障〉，《聯合報副刊》，1992 年 8 月 30 日，第 25 版。實際上從歷史來觀察，封建制度是代表著某種社會力量，可以來對抗中央的國家(或朝廷)的力量，後來歐洲歷史的

　　檢視林毓生對中共的左派極權（全權）主義與國民黨右派的威權主義，雖然都有批判，然而因為中共政治中有著烏托邦的衝動、大規模的動員群眾及道德的優越感，是以其為害中國遠甚於國民黨的統治。林毓生對於中共政治的批評，實際上也有他個人的親身經驗於其中，1981 年的暑假，林毓生曾在威康辛大學麥迪遜校區與南京大學的交換計畫下，由他所任教的學校派赴南京大學講學兩個月。他有實際生活於中共的社會體制之下的經驗，雖然 1979 年之後中國已經改革開放了，兩年多來到當時 1981 年之際，人民的生活，比起過去腥風血雨的日子，已經好很多，但當時林毓生親臨現場的觀察、體驗，感覺當時中國仍是生活凋敝、文化殘破，連一般人的語言、文字都非常政治化、教條化了。且知識分子的言論，要揣摩官方開放的尺度，稍一不慎，後果不堪設想。而其中林毓生與他們親身接觸而得到具體鮮明的實感，帶給他很大的震撼，分別是：(1)中共的極權像水銀瀉地似地，無孔不入。民間社會與民間道德絕大部分均已被扭曲、破壞殆盡；(2)中共革命是以創建「真正的民主」、「真正的平等」為號召的，且讓諸多熱血青年為其奮鬥、犧牲的革命運動，然其結果恰是它崇高理想的反面。其實中共統治是最分等級、最不平等和不公平的社會。權力來源完全來自於政治，其他經濟、社會、文化力量則無能為力；(3)從 1930 年代開始，中國知識分子的主流向左移動。中共能在二戰結束之後數年內席捲中國，其中獲得中國知識分子的支持，給予它革命的正當性，以及取得政權以後統治中國的正當性。然而這些林毓生在大陸生活與觀察兩個多月的經驗，讓他具體而切實知道，大多數中國知識分子支持或同情中共革命的抉擇是錯誤了。他們

發展，因為封建制度的解體幾乎晚了中國一千多年之久，是以較有利於形成對抗中央國家、王朝的力量，並向歷史進步性的方向發展，這些有深具意義啟發性的論點，早在韋伯的論述中已有討論。韋伯在討論西方的現代性的發展中，同時注意到城市與行會制度的建立面向，參見韋伯著，簡惠美譯，《中國的宗教——儒教與道教》(臺北：遠流，1996)，頁 1-132。在中文世界的討論中，林毓生與余英時也都著眼於「社會力量」要獨立於「國家力量」，方能形成「民間社會」而有助於建立現代的民主、自由的制度，參見林毓生，〈建立中國的公民社會與「現代的民間社會」〉，《中國時報周刊》，1992 年 4 月 5-11 日、1992 年 4 月 12-18 日，頁 58-62、38-41；以及余英時，〈民間社會與中國傳統〉，《中國時報人間副刊》，1992 年 6 月 10-12 日，27 版。

從理想主義出發所做的錯誤的抉擇，影響太大了，這是時代的悲劇。[10]

其實 1970 到 80 年代初期，當時有一些海外(尤其是美國)的華裔學者如余英時、何炳棣，皆曾訪問過中國大陸。余英時對中共的理解是與林毓生相同的，[11]對中共極權的本質，他從來都是很清楚的。[12]而何炳棣則曾經在 1970 年代初期訪問過中國大陸，他當時對中共統治下的中國，則極為讚嘆其偉大[13]。然而中國當時的實際狀況，當如著名文學家陳若曦的《尹縣長》小說中描述的一樣，是一個令人怵目驚心的社會。[14]平心而論，余英時、林毓生誠然在學術成就與影響上是巨大且令人敬重的，但論及在國際的漢學界、中國研究學界中，甚至全球的歷史學界，何炳棣的名聲、影響是超過余英時與林毓生的，在歷史學的學術成就上，何炳棣毫無疑問是一位大師，但是在對中共政權本質理解的觀察敏銳度上，余英時與林毓生大概是遠甚於何炳棣的。

---

[10] 林毓生，〈兩文的緣起與二十年後的反思〉，收錄於朱賜麟、袁世敏主編，《近代中國的變遷與發展——人文及社會科學的探索》(臺北：時報，2002)，頁 82-84。

[11] 其實林毓生的兩位老師殷海光與海耶克都是反對共產主義者，是以林毓生對中共的本質與共產主義的批判，有其師承的地方。然同樣是殷門的大弟子張灝，就曾經在美國留學的 1960 年代初期，因為接觸到中國 1930 年代文學作品，並受到民族主義的影響，思想上曾經有過左傾，但後來文革發生之後，張灝的左傾也就修正回來，參見張灝，〈見證歷史巨輪的自由主義者：張灝〉，《我的學思歷程 4》，頁 225-226。所以林毓生一生中也許是因為海耶克的巨大影響，對共產主義從未有過任何的幻想。

[12] 余英時在 1978 年時以美國漢代研究訪華團團長身分參訪中國大陸，他執筆每日的活動和討論紀要，並總結報告，從中可知中共當時史學思想解放運動的狀況，並傳達出他對中共觀察的一些訊息，參考余英時，《十字路口的中國史學》(臺北：聯經，2008)。而余英時對中共的評論、批評文章甚夥，主要可以參考余英時，《民主與兩岸動向》(臺北：三民，1993)，書中收錄多篇對中共的政治評論文字，可以探知余英時對中共極權體制的透視。

[13] 何炳棣，〈從歷史尺度看新中國的特色與成就〉，收錄於何炳棣等著，《留美華裔學者重訪中國觀感》(香港：七十年代雜誌社，1974)，頁 1-34。

[14] 臺灣著名的小說家陳若曦在臺大外文系畢業後到美國留學，後來她思想左傾，在中共文革時期曾經回歸祖國(中國)，但在中共極權體制的生活經驗幾年，讓她對祖國所謂的社會主義天堂幻想破滅，離開大陸後，以其自身親歷大陸文革的所見所聞，後來用小說虛實的藝術手法，寫成六篇短篇小說，1970 年代中期並集結為《尹縣長》一書，那是一本對中共統治下的社會生活、政治氛圍具有紀實意義的優秀小說，真可謂「血淚凝成真精神」的證道之言，參見陳若曦，《尹縣長》(臺北：九歌，2005)；而陳若曦左傾自述的回憶錄部分，參見陳若曦，《堅持‧無悔》(臺北：九歌，2008)，頁 155-240

　　2008 年中共著名的異議人士劉曉波因參與「08 憲章」的起草人，於是之後遭到中共的逮捕，並在 2009 年 12 月 25 日在北京中級法院初審判決劉曉波十一年。對此林毓生在 2010 年 1 月 3 日曾發表正式的公開文章：〈嚴正呼籲中共當局釋放劉曉波先生的聲明〉，並希望中共在劉曉波提出上訴後，儘速予以無罪釋放。這篇聲明實際上也對中共政權的結構問題與政治困境尖銳地指出三點：一是中華人民共和國既已加入 WTO，並在「經濟、社會、文化權利國際公約」與「公民權利和政治權利國際公約」上簽了字，當然認可了公民的身份與權利。據此林毓生指出「公民不是臣民，也不是子民。公民具有不可剝奪的，參與公共事務討論的權利。」所以劉曉波的「08 憲章」只是一個公民提出來的政治改革的草案，北京法院的判決違背中共國際上承諾國民應具有的身分與權利；二是中國當前所面臨權貴資本主義所構成「權」「錢」直通的關係，腐敗充斥於政治與社會之中，及強烈的貧富不均、環境汙染問題，這些困境皆源於中國無法進行政治改革所致。林毓生向中共提出他一貫的主張：進行以法治(the rule of law，不是 the rule by law)為基礎的政治改革，否則經濟發展將發生大問題；三是中華人民共和國內部，有一種說法，否認公民權利是普世價值，且認為公民權利的論證源於西方，非中國所固有，所以中國人不必接受西方的價值。林毓生批評這是庸俗的歷史命定論，他並舉鄰近的日本、韓國、印度也接受最初源自於西方憲政民主的理念、價值與制度。最後林毓生提出：「國家屬於全體國民，並不是任何人，或任何政黨的私產。任何執政黨沒有把黨的利益凌駕國民利益之上與凌駕作為公民的國民基本權利之上的權利」。[15]

　　劉曉波曾參與 1989 年的天安門事件被捕入獄，後來出獄後著書立說，提倡以非暴力方式爭取中國的和平演變。「08 憲章」事件之後被以「煽動顛覆國家政權罪」被判有期徒刑 11 年，並在遼寧省錦州監獄服刑而最後因病去世。可見中共政權的本質是，完全不尊重現代文明的民主社會所承認並予以尊重、保障的公民權利，實際上林毓生的這封聲明並無發生任何效果，這恐正應驗了林毓

---

[15]　林毓生，〈嚴正呼籲中共當局釋放劉曉波先生的聲明〉，《Google/民主中國》，發行日期，2010/01/06，http://www.minzhuzhongguo.org/ArtShow.aspx?AID=12971(瀏覽日期 2014/09/17)。

生思想上一貫所言思想的效果只有在適當的社會、經濟、文化的條件支持下，方能對於現實歷史的推移產生影響。同樣的政治犯，在臺灣的國民黨就必須正視國際上的反應，尤其是美國的態度和壓力。同時在 1970、80 年代起國民黨之所以進行政治改革，這與林毓生、余英時、許倬雲、金耀基、楊國樞、張忠棟、胡佛、李鴻禧……等諸多學者的言論呼籲起了作用是分不開的，惟也因為臺灣的社會、經濟、文化條件相對較為成熟，是以國民黨就必須在政治上做出重大的改革。

　　而林毓生雖然長年在美國任教，然他亦隨時注意臺灣政治的發展，尤其對李登輝與陳水扁的政治作為都有所評論。對於李登輝主政十二年，林毓生對於李氏解除戒嚴、國會改選、釋放政治犯、人民獲有言論、結社、組黨的自由，都給予正面的肯定，然而他也批評李登輝所進行的民主的民粹主義。他認為李登輝耳濡目染蔣介石政權的「私性政治」：政治就是權力，這是根本也是最終從事政治的目的。林毓生以著近乎春秋之筆批評李登輝主政十二年，最對不起臺灣人民的是：他沒有善用那樣長主政的時間，領導臺灣進行深刻的民主改造，為真正的民主體制、民主文化奠立基礎，且他的胸襟不大、格調不高。甚至還以拉攏黑金、毀憲擴權至有權無責的方式，破壞了張君勱起草的《中華民國的憲法》所留下的憲政民主初步規模[16]。林毓生批評至為嚴峻，自然是他看到李登輝執政後期時所操弄臺灣的國族主義與民粹主義，以及諸多背離自由主義、憲政精神的原則，而陷於純粹現實權力的考量所致。其實在臺灣提倡自由主義民主體制的人，諸多摻有臺灣國族主義的思想，甚至將這一國族主義視為比自由主義的價值更高，然林毓生在此政治評論中，仍呈現出一位真正自由主義的精神與思想。亦即是將個人自由視為一個價值，不可化約為「工具」，基本上「民主」的價值是高於「民族主義」的價值。

---

[16] 唐光華專訪，晏山農紀錄整理，〈政治家的條件——林毓生院士談對於新總統的期待〉，《中國時報人間副刊》，2000 年 5 月 19 日，37 版；以及林毓生，〈論臺灣民主發展的形式、實質、與前景——為紀念殷海光先生逝世三十三周年而作〉，《二十一世紀》，第 74 期，頁 10-13。

　　而林毓生的政治評論，並不受政黨意識形態的左右，而純粹是以他所秉持的自由主義思想的立場發言。臺灣曾在 1990 年 6 月 28 日至 7 月 4 日召開「國是會議」，實際上也讓林毓生能夠對於臺灣兩大黨的本質有更深刻的認識。林毓生在 1991 年之際，曾評論國民黨統治下的中國，知識分子的思想發揮作用空間極小，因為借用法蘭克福學派在另一脈絡中指涉另一些事所使用的名詞——是一個「為了目的之無目的性」(purposelessness for purpose)的政權。國民黨這樣的性格，到了臺灣以後，稍有改進，如經濟展方面稍稍呈現一點計劃的目的性，但基本性格上並未有「質」的改變，國民黨的目的只是為了權力，然而假若政治是以權力為手段來完成計劃中的國家建設，那麼可以說國民黨的政治性很低，[17]它的「政治」沒有政治性，基本上是權力慾的展現，而從當時 1990 年的國是會議，國民黨與民進黨政治行為的表現，更加證實國民黨是沒有目的性的政權，而民進黨似乎也是往「沒有目的性」靠攏。[18]

　　至於 2000 年獲取臺灣政權的陳水扁政府，在他執政兩年之後的 2002 年，他種種對權力的展現方式及政治作為，使得林毓生對於陳水扁的批判更是不留餘地。他認為陳水扁主政兩年來，他領導的新政府毫無新氣象，而且言行不一致，失去國家領導人該有的誠信，然陳也體現蔣氏政權的「私性政治」，且更會炒作民粹主義以贏得選舉[19]。對照之後 2008 年陳水扁退位之後，他及家族種種弊案，接二連三遭到公開並受到司法審判，林毓生早在六年多前(2002)，就

---

17 林毓生這裡所使用的「政治」之涵義是指亞里斯多德式的對政治理解的用法，這一用法是指：政治是公民參與公共領域內政治過程的行為。為什麼要參與政治過程？因為公共領域之內的問題是大家的事，有其開放性；不是在事情還沒有討論與決定之前就已經有答案了。所以，每個公民都有責任參與公共事務。責任感當然蘊涵獨立與自主意識；如果公共事務完全由統治者決定，其後果應該由統治者來負，一般人無法獨立參與政治，當然也就不存在責任問題。亞里斯多德甚至認為，人之所以為人的意義，是參與他所謂的政治；所以他說：只有比人高的神與比人低的獸，不必參與政治，參見林毓生，〈論臺灣民主發展的形式、實質、與前景——為紀念殷海光先生逝世三十三周年而作〉，《二十一世紀》，第 74 期，頁 6。

18 林毓生，〈王作榮先生《誰來轉移社會風氣》——政府官員、知識分子無可逃避的責任(書後)——兼論「民間社會」如何成長〉，《社會重建》，頁 439-440。

19 林毓生，〈論臺灣民主發展的形式、實質、與前景——為紀念殷海光先生逝世三十三周年而作〉，《二十一世紀》，第 74 期，頁 11-12。

以史家對政治事件具有歷史透視的敏銳視角，其所作出的評論更可看出林毓生的歷史洞識，使得他的政治評論不是關在象牙塔的書生之見。

而在臺獨的重大議題上，林毓生 1991 年之際，就從理論和現實層面發表〈「臺獨」是當前民主發展的障礙〉文章，分析臺獨是當前臺灣民主發展的障礙。他文中指出在理論上，民主的遊戲規則只能由演化而來，不可能在一個新的開始之後（如臺獨建立新國家）就可以立即製造出來；而在現實層面，臺獨必然會引起中共的武力干預，對臺灣的外交也沒有好處，甚至會引起臺灣內部亂成一團。在這一問題上，林毓生秉持著韋伯的「責任倫理」觀念來評論，這一關涉臺灣前途至為巨大且爭論不休的現實政治議題。對此林毓生呼籲，大家真正應該關心的當務之急的問題是：如何建立民主政治的「遊戲規則」，並在這個前提之下，大家應該把精力花在建設「民間社會」上去，花在建設公民文化上去[20]。

林毓生在臺獨政治問題上的表述，從臺灣自由主義思想的發展史上觀察亦頗具意義，政治學者江宜樺曾指出，戰後臺灣的自由主義的發展，大致上曾經經過幾個階段，分別是《自由中國》(1950-1960)時期、《文星》(1962-1965)時期、《大學雜誌》(1970 年代初)時期、《中國論壇》(1975-1992)時期、「澄社」(1989-)時期等。然而在 1980 年代後期當時反對運動臺獨主張日益明確化，《中國論壇》筆陣也隨之產生省籍/統獨的情節而無法化解、而「澄社」內部不只有「自由主義」與「社會主義」左右意識形態的問題，還有 1990 年臺灣社會最令人爭論不息的統獨問題。當 1990 年李登輝提名郝柏村擔任行政院長的風波之後，李氏主導的國是會議隨後正式上演，然當時「澄社」主要成員胡佛與李鴻禧為了「回歸憲法/制定基本法」之爭，結果分化了兩人的長年交情，直到 1997年修憲「內閣制/總統制」之爭再起時，胡佛與李鴻禧二人始終無法恢復交情。這還只是澄社早期遭受統獨議題間接衝擊的事例，後來澄社新進社員也有人在臺獨運動及臺灣民族建構的看法及作法上彼此不欣賞，並為此問題而離社者時有所聞，故自由主義與民族意識兩者如何安頓，也是考驗臺灣自由主義的一大

---

[20] 林毓生，〈「臺獨」是當前民主發展的障礙〉，《聯合報》，1991 年 5 月 28、30 日，第 4 版。

難題。[21]江宜樺的反思已指出統獨的論爭已進入臺灣政治討論的最核心課題，而一直到現在 2019 年，統獨的論爭隨著民進黨先後兩次主政，在臺灣只有更加的劇烈！

　　即以林毓生此文而言，隨即馬上由陳儀深、謝嘉祥、管碧玲署名發表〈推動統一才是臺灣民主發展的障礙——就教於林毓生教授〉一文，暗指林毓生是無法割捨「大中國情結」的學者，且對臺灣現實無知，隨著執政者的腳步起舞。甚至對於宣布臺獨之後，可能引起中共的武力威脅與戰爭，他們以為「因為畏懼敵人動武連自己在國際上作為一個主權國家的可能途徑都放棄，不僅本末倒置，也實在不符合國民的利益」，且「說不碰統獨容易，但真要從事民主改革，只要能了解國家定位與憲政改革密切的關係，有遠見而又負責任的政治家與知識分子，便不會故意迴避此一問題」。最後他們提出「臺獨乃是外爭主權獨立，內求民主憲政的政治主張，可以透過選擇與公民投票來完成」。[22]然而林毓生對這篇批評他觀點的文章並沒有回應，處於 1990 年代初期的臺灣，因著 1980 年代中期臺灣政治已經解除戒嚴，政治言論的空間不再受到打壓，形成眾聲喧嘩的政治氛圍，其中有諸多歷史與現實因素所產生的「臺獨」主張，顯然是其中最佔中心位置的，也是對臺灣島內衝擊最大也最敏感的公共議題。統獨問題在臺灣的是非曲直，不是三言兩語所能講清楚的，然從思想歷史的發展來看，林毓生並非一位主張中國要統一的所謂「統派學者」，而實際上他對中共的政權的批判是非常嚴峻的，是以說林毓生是無法割捨「大中國情結」的學者，且隨著執政者的腳步起舞，並不公平。然從林毓生以著自由主義的理念透過學術論著、演講，對臺灣 1980、90 年代所產生的對政治、文化、社會各個層面的影響，確實也因著統獨問題，以及臺灣國族主義相關議題的爭論，林毓生的自由

21　江宜樺，〈臺灣自由主義思想的發展與困境〉，《自由主義的發展及問題：殷海光基金會自由、平等、社會正義學術研討會論文集 1》，頁 95-137，特別是頁 113、117。

22　陳儀深、謝嘉祥、管碧玲，〈推動統一才是臺灣民主發展的障礙——就教於林毓生教授〉，《民眾日報》，1991 年 6 月 5-6 日。

主義的論說及其政治評論也慢慢引起不同的反應，甚或影響力急遽下降，[23]此在余英時身上亦復如此。從 1990 年代之後，余英時、林毓生的政治評論在臺灣學術圈、社會上，所引發的複雜反映，大致上可以看出一個時代思潮的轉變趨勢。

1993 年 12 月 11 日余英時在中央研究院評議會上發言談人文研究問題，其中提及臺灣「學術受到泛政治化，結果，變得大家不大願意提到中國文化，覺得中國文化是大陸的。」「做人文研究，臺灣在社會學和人類學等方面是不可能超前西方的；只有中國人文的研究，如中國宗教、文化和社會，才是西方沒有的。我們在這方面可以超前，為什麼不發揮？」[24]。對於這段發言，余英時後來更擴大成文〈人文研究斷源頭，泛政政治化最可憂〉一文，文中主要涉及被批評的論點，諸如「一切歷史文獻——從家譜到方志——都說明今天的臺灣主要是一個大陸漢族移民的社會。除了原住民的本土文化之外，臺灣文化是中國文化在最近兩三百年中逐漸發展出來的一個新枝」、「臺灣不但較完整保存了中國文化而且有新的創造」、「在我的理解中，臺灣文化與中國文化從來不是敵對關係，而是繼承與發展的關係」、「臺灣在最近兩三百年中的文化發展自然也包括在我所謂的『中國人文研究』之內」。而同時文中余英時批評「一

---

[23] 江宜樺指出 1990 年代以後，自由主義在臺灣社會的影響力呈現急遽下降的趨勢，主要原因有三：(一) 臺灣自由主義向來以憲政民主為主要訴求，惟從 1986 年起反對黨成立，1987 年解除戒嚴、開放黨禁報禁，1988 年蔣氏政權結束，1991 年廢除臨時條款，1992 年中央民意代表全面改選，1996 年總統副總統直接民選，2000 年政黨輪替成功…，這一切發展都顯示民主憲政似乎已逐步落實，自由主義半世紀以來的階段性目標大致達成，因此自由主義只有另外提出新階段的綱領性目標，否則就只能功成身退。(二)過去自由主義幾乎是臺灣改革派知識份子唯一崇尚的信念體系，但 1980 年代中期以後，各種歐美新興思潮經由返國學人陸續引進，包括女性主義、後殖民主義、社群主義、多元文化主義等等，它們特別吸引了部分學術工作者及社會大眾，使得自由主義一枝獨秀的勝景不再，且自由主義越來越難以找到訴求的特定對象，使它只像是學院內高級知識分子的癖好。(三)臺灣自由主義運動的理論資源往往每一代都從西方橫向移植過來，通常未深入了解西方自由主義的來龍去脈，而只以新潮為尚，另一方面又對於本土自由主義的發展歷程關注不夠，這種先天不良，後天失調，使得自由主義的內涵在臺灣日益蒼白貧乏，參見江宜樺，〈臺灣自由主義思想的發展與困境〉，《自由主義的發展及問題：殷海光基金會自由、平等、社會正義學術研討會論文集1》，頁 129-130。

[24] 以上是余英時在評議會後接受《聯合報》記者陳碧華的會後專訪，重述他在評議會上談話的紀錄，參見《聯合報》，1993 年 12 月 12 日，第 2 版。

看見『中國』兩個字便聯想到『臺灣』是它的反命題，正是泛政治化心態的生動而又具體的表現」，「今天臺灣知識界流動著一股泛政治化的暗潮，拒絕認同於中國文化，並以種種說詞來論證臺灣文化獨立於中國文化之外。……試問無論上層文化或民間文化的領域，如果切斷了十七世紀以前中國的源頭，一部臺灣文化史究竟怎樣才能交代得清楚？」對此余英時並暗指這是「曲學阿世」、「媚世」踐踏學術、敗壞政治的知識分子。[25]

對於一位曾經風靡過臺灣學術、文化圈的著名學者，也曾經在 1980、90 年代在臺灣社會、政治尚處於轉型期時，多次為文建議國民黨政府應遵循憲政體制進行政治改革、民主開放路線的余英時，[26]在邁入 1990 年代之後，當統獨問題、臺灣國族主義逐漸抬頭並成為中心地位的思想氛圍之下，余英時此文發表後，隨即遭到中央研究院徐正光等十二位研究員聯署〈君子慎言──敬告余英時院士〉，[27]以及張茂桂〈貴族學者如何深入臺灣研究〉等文的回應[28]。前文十二位學者對余英時認為人類學與社會學的臺灣本土的研究是無法超越西方，唯有回到中國文化母體做研究，才有超越西方的可能這一觀點是頗有意見的，同時他們也認為「兩千萬人在臺灣所創造的歷史經驗是否與中國文化有關，抑或只是臺灣特殊時空情境所造成的結果，乃是一個值得探討的學術性問題，這並不是武斷的隻字片語，即可以決定。」。而他們也表達臺灣學術界過往對本土文化的扭曲與忽視的現象能夠獲得正視與導正。而在張茂桂文中，也指出「大部分的研究者都不會把臺灣和中國對立起來，也都承認臺灣受中國文化影響巨大」，但「問題的核心在於臺灣研究的主體意識是不是應該永遠包含在中國的

---

25 余英時，〈人文研究斷源頭，泛政政治化最可憂〉，《聯合報》，1993 年 12 月 25 日，第 4 版。此文後來改名為〈人文研究與泛政治化〉，收錄於余英時，《歷史人物與文化危機》（臺北：三民，2013 二版三刷），頁 187-195。

26 余英時這方面政治時論的文章，主要都收錄在余英時，《民主與兩岸動向》；以及余英時，《文化評論與中國情懷》（臺北：允晨，2011 增訂一版）。

27 徐正光等十二位研究員聯署發表〈君子慎言──敬告余英時院士〉，《中國時報》，1993 年 12 月 15 日，第 4 版。這十二位研究員分別是：徐正光、謝國雄、吳乃德、王甫昌、陳茂泰、余舜德、林美容、張榮啟、胡臺麗、潘英海、黃道琳、蔣采秀。

28 張茂桂，〈貴族學者如何深入臺灣研究？〉，《中國時報》，1994 年 1 月 9 日，第 4 版。

主體意識裡面，而只是中國文明研究的一部份？」。平心而論，中研院這些學者的觀點並不能說是持有狹隘的政治意識形態於其中，其對余英時論點的質疑，實際上是值得深思且深具意義的。余英時長期因為居住在美國而未落腳於臺灣，故對於臺灣的研究確實缺乏一種較長期生活經驗的親身感受，是以他對臺灣的現實與歷史的關照視角是否不足，也經常受到臺灣本地的人文、社會科學研究學者的質疑。余英時與中研院學者間引發的討論，在學術層面來看是頗具意義的，但這不是本文的重點，此處只是透過這些學術論辯，讓我們看到臺灣 1990 年代，在加速本土化以後，整個時代的政治與思想氛圍已有所轉變，故造成如自由主義學者林毓生、余英時都在知識的場域與公共論壇發言的空間，慢慢受到諸多的挑戰。他們在公共關懷的領域(尤其是政治領域)，不復當年的盛況，其影響力也慢慢限縮在純學術、文化的領域之中。

在現實政治上，林毓生亦曾關心當年參與反對運動的優秀青年知識分子陳忠信（筆名杭之）。陳忠信曾參與當年美麗島雜誌社的黨外運動，後來因為美麗島事件遭到逮捕坐牢，而在坐牢時期，林毓生甚至想方設法去救援，按時探監，送書報並與他共同學習問題，長期不懈，關心陳忠信[29]。而陳忠信在學術思想上亦可看見林毓生的影響痕跡[30]。且在民進黨陳水扁於 2000 年贏得大選後，林毓生在當時《中國時報》的專訪中，公開期許呼籲民進黨新政府，他以為在對兩岸關係的理解與可以提出可行的、化解兩岸緊張關係的方案的能力而

---

[29] 這一段史實，係根據與林毓生至為交好的中國上海著名學者王元化所言，文中雖未指名是陳忠信，但觀諸林毓生、陳忠信的學術交友圈及兩人的學術互動，當可推知，應該就是指陳忠信。參見王元化，〈記林毓生〉，《人物‧書話‧紀事》（北京：人民文學出版社，2005），頁 37；以及王元化，〈一九九一年回憶錄〉，《九十年代日記》，頁 60。

[30] 陳忠信（杭之）在他的兩本評論文集《一葦集》及《一葦集續篇》中都曾經提及：「在本書各文寫作時，我的老師林毓生教授給我許多鼓勵與啟發」，參見杭之，《一葦集》（臺北：允晨，1987）中〈自序〉，頁 4；杭之，《一葦集續篇》（臺北：允晨，1987）中〈自序〉，頁 5。且陳忠信更進一步指出：「特別是在我寫本書（按：指《一葦集續篇》）序論時發現，他（按：指林毓生）十年來對五四以來形式主義思想模式的分析與批判，在我不能明說的「支援意識」（subsidiary awareness）中給了我一定的影響與啟發。」，參見《一葦集續篇》中〈自序〉，頁 5。陳忠信著作中隨處可見對林毓生著作的徵引，他並且翻譯了林毓生原用英文所寫的論文〈論梁巨川先生的自殺──一個道德保守主義含混性的實例〉、〈魯迅思想的特質〉等文為中文。

言，無論黨內黨外，沒有人能夠比陳忠信考慮得更為周密與深切的了。所以若不起用陳忠信這樣的人才，將是國家的損失[31]。這裡顯示林毓生如魯迅般的熱情與道德情懷，去關懷一位曾為臺灣民主奮鬥而遭政治迫害的優秀青年知識分子[32]。

綜觀林毓生對現實政治的批評，他並不落入黨派的意識形態立場（中國共產黨、中國國民黨、民主進步黨），也跨越統獨或藍綠的政治藩籬，同時在二十世紀民族主義仍普遍存於知識分子與人民身上時，尤其是他面對中國與臺灣的國族主義雙重挑戰之下，林毓生仍然堅守純正自由主義的立場，對此他唯一批評的標準即是以政黨和政治人物的作為，是否對中國或臺灣的民主自由制度的建立和發展有真正的貢獻。也就是他終生所關懷有尊嚴的自由主義的實踐問題。而他對政治人物的政治作為之評判，其背後隱然是以亞里斯多德對「政治」定義所賦予的「公共」性去切入，這更讓他迥異於大部分時事評論者的評析內容。

---

[31] 參見唐光華專訪，晏山農紀錄整理，〈政治家的條件——專訪林毓生院士談對於新總統的期待〉，《中國時報人間副刊》，2000 年 5 月 15 日，37 版。

[32] 陳忠信後來曾擔任民進黨副秘書長、陸委會諮詢委員、海基會董事以及國安會副秘書長等職務。

七、林毓生在近代中國史學史上的定位

其實在林毓生 1967 年給殷海光的長信中，下列提及的這段話，可以說是他一生中在史學研究上，最重要與最基本的所遵循的學術精神：

談到研究史學的，尤其是思想史，我覺得最基本的態度應有以下幾點，不知您是否同意：

1. 研究的題材必須與個人的關懷與個人的承擔有密切的關係。否則不能或不易產生深刻與具原創性的解釋。因為深刻與具原創性的解釋只能從極強烈的個人的介入中醞釀出來。

2. 所謂分析、說明必須有個人的理論作基礎，否則至多不過是把史實放到不同的組別或史料的分類，像是圖書館的詳細的目錄那樣，與現實人生關係不大。

3. 所謂個人的理論自然與科學的為學態度不相衝突。有了個人關懷並不是就不能有知識的真誠。像似悖論似的，因為有了個人關懷的知識真誠才有意義。兩者互相為用才能達到深刻性，否則，早晚會墮落到胡適之的考據版本小技。(胡博士自己喜歡玩這種小玩意兒，是他自己的事，自可聽其尊便；但他硬要冠以提倡科學方法的大帽子，則他已離開了自己的私領域，進入了公共領域。因此，對於國內最近幾十年人文科學與社會科學的荒蕪，便有他應負的不可推卸的責任。當然，這樣的荒蕪還有其他的原因)。

4. 應有對於有關的社會科學的知識，具有一定程度的掌握和在史學研究和書寫上的方法、社會科學、邏輯、與語意學上的嚴格的訓練。社會科學的知識，especially theories of social & cultural change 的用處是提供工作上的試誤的方案與樣式，有了這方面知識的人

自然比沒有的人，可以取捨的不同視野較多。方法論的訓練在於防止自己推理及論證的漏洞。但有了以上兩項，並不自動地使之變成一個深刻的史學家。史學從定義上說根本就是人文研究的一個分支，因此「套公式」是沒有用的。深刻的歷史洞見與原創的歷史解釋在於實質的創造。其實社會科學、自然科學、以及方法論的每個分支之真正貢獻，也是一樣：在於實質的創造。

5. 必須有一個或一個以上外國文化的背景或理解作為對照性比較之用，如此腦筋中又多了一條思想的道路。今年我在維大(University of Virginia) 試講中國思想史，才發覺 Committee on Social Thought 給我的希臘哲學的訓練頗為有用。[1]

從以上林毓生早年對史學的研究所懸的標準，大致上可以說他是強調史學研究要有其社會人文關懷的一面，而不能只作純粹的書齋型的考證工作，或如「史料學派」新漢學的風格。受殷海光、海耶克的影響，林毓生至今所有的著作、文章，實際上背後都環繞在他個人最重要的關懷：自由主義如何在中國與臺灣落實的種種問題。而對這一問題研究的取徑，他也向來以著比較社會、政治思想史的視角去作研究，同時以著他從芝大社會思想委員會時所受諸多社會科學知識理論的影響，去輔助他更系統的思考問題。是以他的研究並不是美國傳統漢學的風格，雖然他是近於美國「中國研究」中思想史、社會科學的路徑，但也因為他所受經典閱讀的思想訓練之影響，他的論著較一般思想史研究呈現更多的異樣質素，這種取徑不容易去學習，故他的學生不似余英時的學生來得多。

---

[1] 〈林毓生致殷海光函〉，《殷海光‧林毓生書信錄》，1967 年 12 月 23 日，頁 194-197。

　　大致上可以說林毓生的思想史研究，與同樣是思想史研究的余英時[2]、張灝[3]，甚至何炳棣[4]，在某些方面有所不同的。林毓生的思想史研究，或者說他的

---

[2]　余英時成學的過程中，受到錢穆、楊聯陞影響甚鉅。錢、楊二人的乾嘉考證漢學底子都至為深厚，但也都不為狹隘的考證學或傅斯年「史料學派」的新漢學風格所限。余英時毋寧是「實證」與「詮釋」並重的路線，較近於陳寅恪、錢穆、楊聯陞的學術風格，可以說余英時承繼傳統漢學的深厚底子，且楊聯陞為他帶來日本漢學、中國學研究的知識領域，又他長期在美國留學、任教，濡染了美國「中國研究」中的思想史、社會科學取向的方法，可以說他的思想史研究是融合了中國、西方、日本的漢學與中國研究的諸多傳統於一體，至為博大精深，其實余英時為中國史學的現代化，已做出里程碑的歷史貢獻。余英時對自己為學的自述文獻不少，可參見余英時，〈我走過的路〉，收錄於陳致訪談，《我走過的路：余英時訪談錄》（臺北：聯經，2012），頁 1-15；以及 2014 年余英時獲得「唐獎」所發表〈中國史研究的自我反思〉的演講全文，參見余英時，〈中國史研究的自我反思〉，《漢學研究通訊》，34 卷 1 期(總 131 期)，2015 年 2 月，頁 1-5。

[3]　張灝與林毓生同樣出身同時期的臺大歷史系，在臺大時期同樣受到殷海光思想啟蒙影響很大，而到了美國哈佛大學留學時，受到史華慈與墨子刻（Thomas Metzger）的影響。當時美國現代化理論非常流行，它視現代性與傳統是二元對立的，因此認為傳統是現代化的主要障礙。對此史華慈那時在美國漢學界幾乎是獨排眾議，持有異議，他看到傳統思想內容的多元性、動態性和豐富性，他以為傳統與現代的關係不能用二分法將之對立起來。而墨子刻對宋明儒學思想內部的困境與緊張性的剖析，也影響張灝。透過墨子刻的介紹，張灝開始接觸韋伯有關現代性起源及比較文化的論著。與林毓生相同的，張灝原本初到美國時抱著對社會科學極大的熱誠，滿以為在此可以找到了解人的行為與思想的鑰匙，但六十年代的美國社會學界是以科學的實證主義與行為主義為方法論的主流，但張灝很快對此就失望了，因為那裏沒有找到「人」。而偶然的機緣，張灝接觸到現代西方的一些神學家，從那裏他發現了「人」，特別是狄立克(Paul Tillich)、尼布爾(Reinhold Niebuhr)與佛格靈(Eric Voegelin)這些神學家的思想，他們從神性反思人性的思想與思維對於張灝影響很大，而張灝對西方自由主義、民主思潮的理解反而是透過尼布爾的危機神學(crisis theology)或辯證神學(dialectical theology)的思想去切入，這與林毓生係透過海耶克的帶領去接受西方的自由主義（尤其是蘇格蘭啟蒙運動的自由主義傳統）是頗為不同的。張灝的成學過程及思想發展，參見張灝，〈見證歷史巨輪的自由主義者：張灝〉，《我的學思歷程 4》，頁 223-230；張灝，《張灝自選集》（上海：上海教育出版社，2002.4），書中的〈自序〉，頁 2。從比較的觀點來看，張灝與林毓生的成學過程中有諸多相同之處，如同受史華慈的思想史學的影響，對西方中心論、現代化理論的思維進路皆有很多批判，同樣受韋伯的影響與對實證主義採取批判的態度；然亦有相異之處，如張灝對新儒家較為同情與受神學宗教思想的影響很大，尤其張灝在哈佛留學時即已親身涉入美國的「漢學」與「中國研究」的學術圈之中，而林毓生在芝加哥大學的社會思想委員會，基本上是與美國的「漢學」與「中國研究」的學術傳統有段距離，雖然他後來也投入史華慈的門下接受中國史的專業指導，但芝大社會思想委員會特有的經典思想訓練，卻成為林毓生終生學術研究中，博蘭尼所說的「支援意識」最重要的奠基之處。

[4]　眾所周知，何炳棣是以中國明清社會經濟史的研究聞名國際漢學界，如專書《明清社會史論》、《中國人口研究》、《中國會館史論》；以及論文〈揚州鹽商：十八世紀中國商業資本的研究〉、〈中國歷史上的早熟稻〉都影響深遠，這部分何炳棣明清研究的重要性與意義，可以參見徐泓，〈何

歷史研究其實帶有較多的哲學與思想論辯的印記，林毓生在中國大陸的至交好友王元化在給林毓生的信中曾經說過：

> 我將你視為在學術問題上，可無話不談的朋友。我從你書中領受到你的治學嚴謹，為人熱誠，這是我要好好學習的。你的書「容量」很大，不像有些人洋洋灑灑寫了一厚本，而內容卻空洞無物。你的精美紛綸的見解，我很佩服。如果要我說一些我不以為然的意見，那就是從你身上看到德國深邃哲學家的某些拘謹的性格。如你對思想架構的論述，你認定了一種概括出來的模式就謹守不渝，以此去衡量品評一切，這我覺得太拘謹了。你批評只談思想道德以至你自己完全不談思想道德，這也似乎有些畸輕畸重。[5]

炳棣教授的明清史研究〉，《明代研究》，第 18 期 ，2012 年 6 月，頁 23-46。但何炳棣在《黃土與中國農業的起源》、《東方的搖籃(*The Cradle of the East: an Inquiry into the Indigenous Origins of Techniques and Ideas of Neolithic and Early Historic China, 5000–1000 B.C.*)》書中已可看見出他對中國古代史所涉文獻訓詁、考古資料和科學知識的探究。後來 1991 年他從美國加州大學爾灣分校二次退休後，則全力開拓中國先秦思想、制度、宗教的研究，何炳棣在先秦思想史研究上，一如他在明清社會經濟史的研究，呈現出令人深思的學術論述，何炳棣這方面多篇的思想史研究論文，參看《何炳棣思想制度論集》（臺北：聯經，2013）。基本上何炳棣治中國古代思想史是採取「科學」、「訓詁」與「考古」的三重證據法的方式，尤其何炳棣對於中國古代歷史、制度、社會的複雜性的掌握至為精深，而研究中國古代文獻時，字源學或訓詁學是必不可少的基本工具，而何炳棣於此字源學、訓詁學的工具外，還具備廣義的歷史、制度考據的知識工具，同時他也能夠運用考古資料和科學知識(如古代的植物學、地質學)來重建中國古代文獻所呈現的真實歷史情境，並據以對文獻作出更為精確的解讀，所以他的思想史研究呈現出一種非常嚴密、紮實的論證風格，雖然一般並不以思想史家來看待他，但其實他的論著對於思想史研究普遍忽略歷史、制度層面的東西(思想史的論述學者中，大概錢穆與余英時對於歷史、社會、制度的層面較有掌握；新儒家中除徐復觀外，大致上於此都較為忽略)，實際上是很重要的參照。何炳棣對於先秦思想史研究的自述，參見何炳棣，《讀史閱世六十年》（臺北：允晨，2004），書中〈第十二章 老驥伏櫪：先秦思想攻堅〉，頁 440-485。

5 〈王元化致林毓生函〉，收錄於王元化，《王元化集(卷九)：書信集》(武漢：湖北教育出版社，2007.10)，1993 年(未標月日)，頁 373。實際上，王元化是林毓生從 1990 年代初起交往甚密的中國大陸學人，王元化曾言：「我曾對《中國意識的危機》的作者林毓生教授提過反對的意見，在我們經過比較激烈的爭論後，他成了我所敬重的朋友，雖然我們的意見並未達到一致。心靈的相契有時比觀點上的分歧更為重要。」，參見王元化，《思辨發微》(臺北：書林，1994)，一書中的〈序〉，頁III；林毓

王元化對林毓生學術精神的觀察，有些值得注意。比如說作為歷史學家的
林毓生身上「所散發德國深邃哲學家的拘謹性格」方面。確實林毓生論著中哲
學、思想的討論較多且繁複，但他不一定具有某些德國哲學家的封閉性格。林
毓生師從與景仰多位西方大家，從海耶克、漢娜·鄂蘭、博蘭尼、韋伯、史華慈
等都是具有相當程度的自由主義之精神，不過以林毓生而言，他大致上是宗奉
海耶克這派蘇格蘭啟蒙運動的自由主義思想傳統後，就很虔誠地謹守這套思想
體系，不過一些人文大師的著作，所呈現對現實的公共關懷之學術精神，確實
終生成為林毓生治學的顯著印記。

　　林毓生早在 1975 年時，就已指出當時我們的人文學界中，許多學者仍然從
事於(廣義的或狹義的)考據工作，年輕人亦循此風，此與時代所面臨的問題是
背道而馳的。他認為探討並尋求解決一個時代的思想文化問題，是這個時代人

生亦曾提及：「元化先生的逝世，我的內心感到極為悲痛。十七年前我們初次見面，發現彼此性格，
十分類似；因此，一見如故，很快成為摯友。他待我至厚，邀我到上海時，務必和他見面。…元化
先生一生努力與奮鬥的意義，正如他的最後談話錄所顯示的那樣，是根據理性所蘊涵的自由與責任
來探討中國的新生所應走的道路。這也是上海地下黨文委其他成員——孫冶方、顧準所指出的道路。
中國現代史的狂潮恰恰與這樣的主張相駁逆，這是中國現代史的坎坷與他們生命中的坎坷的主
因。」，參見〈王元化、林毓生對話錄〉，《跨文化對話(第 24 輯)》，頁 79。實際上林毓生對於王
元化突破過往中共人物的政治限制的自覺以及學術反思是頗為讚揚的，如林毓生就讚許王元化的反
思最重大的貢獻是關於盧梭的《社約論》的討論，認為當年的法國啟蒙思想家提出的國家理論，貌
似民主自由制度，實際上是走向極權主義和專制主義，而王元化經過啃讀原著，得出這一觀點，跟
西方思想論點相合，參見吳琦幸，《王元化晚年談話錄》(上海：上海人民出版社，2013)，頁 143-144。
而林毓生早在 1983 年 2 月 19 日在美國威康辛大學麥迪遜的「中華民國同學會」所舉辦的演講會上
就已提出盧梭的 general will 的觀念，一方面是對民主的支持，另一方面卻也與極權主義有複雜的關
係。在 general will 的理論還沒有建立以及實際政治上還沒有正式很有效地成為政治運作方式之前，
壞的政治是暴君政治(despotism)或羅馬式的獨裁(dictatorship)，但卻不會變成極權主義，這觀點的反
思與後來王元化談盧梭的論點是相合的，林毓生所論見：〈論民主與法治的關係〉，《思想與人物》，
頁 423-435，特別是頁 429、434。王元化擔任書籍編輯時，也幫林毓生在中國大陸出版《殷海光·林
毓生書信錄》一書，實際上王元化後期的思想受到林毓生的影響不少，據學者吳琦幸紀錄王元化 2007
年 7 月與 2008 年 1 月的晚年談話，他提及王元化總會習慣性地談起林毓生，參見吳琦幸，《王元化
晚年談話錄》，頁 6。而在王元化給林毓生的信中，都可看出林毓生給予王元化的影響和啟發，如王
元化 1996 年 8 月 28 日給林毓生的函中說到：「尊著我在炎夏中斷斷續續拜讀了。不是說客氣話，
確實給我啟迪良多。你是一位嚴肅認真、好學深思的學者，文章中多獨得之見。我尤為讚賞你關於
韋伯觀點的闡發，使我深受教益。我想你可以從拙文中看出，你在這方面給我的影響。」，參見，
〈王元化致林毓生函〉，《王元化集(卷九)：書信集》，1996 年 8 月 28 日，頁 390。

文學者不可逃避的責任，且我們要有自己獨立的文化與思想，並對臺灣人文學界目前偏重考據的學風要加以革新。故他提出「不以考據為中心目的之人文研究」的觀點，因為在他看來，人文研究最重要的是創造，人文學者對人生、社會和時代的發言必須建立在自己獨特的創見之上，對於這樣的創見，考據是無能為力的，它只是邊緣性的東西，義理的重要性遠超過考據[6]。是以他從年輕時即批評胡適陷入考據癖中，並嚴詞指為「墮落」，且對胡適意識形態化的「科學主義」思想的影響下提倡「科學方法」，認為其已對「公共領域」造成負面的影響。實際上胡適的「科學方法」觀點是帶有對科學性質誤解的「實證主義」思維，此與傅斯年式「史料學派」的實證主義新漢學風格頗為相關，林毓生認為這些將對於中國文史研究會流入以考據為中心的格局，而缺乏較大的人文社會關懷。

其實林毓生 1976 年在與他的老師史華慈的一個對談中，就特別舉出社會學在中國雖然已經講了很多年，儘管韋伯的《新教倫理與資本主義精神》(*The Protestant Ethic and the Spirit of Capitalism*)近年來已有中文譯本，但中國卻沒有一本研究韋伯思想的嚴謹著作，中國人文學者很少注意一些極重要的西方思想的寶藏，如蒙田(Montaigne)的思想與巴斯卡(Pascal)的哲學。但在另一方面，德國語文考證學派的歷史研究卻對中國歷史學界發生很大的影響，許多精力與金錢都花費到考古學與語言學的研究，不過林毓生說他並不是說作為學院中學科：考古學與語言學等，只有很少的價值[7]。這段對話中，有些問題值得探究。

首先林毓生這裡所針對的自然是指近代中國的新漢學研究的風格，這除了胡適外，更重要的是傅斯年受到德國蘭克史學影響，而在中國成立的中研院史語所的德國語文考證學派。正如傅斯年在〈歷史語言研究所工作之旨趣〉中所提及的要把歷史學建設得像生物學、地質學一樣的科學，且完全不涉傳統的仁義禮智和主觀的成分，亦即是與現實人生不相涉。這裡面具有強烈的實證主義

---

[6] 林毓生，〈不以考據為中心目的之人文研究〉，《思想與人物》，頁 263-264、267-268。

[7] 〈史華慈、林毓生對話錄——一些關於中國近代和現代思想、文化、與政治的感想〉，《思想與人物》，頁 460-462。

思想於其中，向來是林毓生所批評的人文研究的路徑。對思想的重視，他認為是人文研究的基本觀念，而這方面如何去注重思想，林毓生舉出要不可過分重視邏輯與方法論，因為真正的創造活動不是從學習邏輯與方法論中可以學得，而實際創造與研究過程的具體性與複雜性又非邏輯與方法論所能形式化的，所以提倡邏輯與方法論，並不能增加解答問題所需的思想內容。邏輯與方法論的研究僅能幫助人在思想形式上不自相矛盾，或對論式表面上的矛盾儘可能提高警覺而已。在真正的人文世界與科學世界中，研究與創造活動的關鍵是博蘭尼所提出的「未可明言的知識」，這種「未可明言的知識」並不是遵循形式的準則可以得到。「未可明言的知識」是否豐富、有效，與「支援意識」是否豐富和深邃有關，它是從嚴格的訓練陶冶出來的——包括像學徒式地服膺自己心悅誠服的師長的看法與言論，以求青出於藍，努力研讀原典、苦思、關心與自己有關的具體而特殊的問題，這就必須要增加自己思想的深度才能達到[8]。余英時曾經提出「史無定法」的主張[9]，以及認為治史就是要達到古人所說的「熟讀深思」的「心知其意」的境界[10]。此與林毓生借用博蘭尼知識論的看法，來論述史學研究與創造的本質，在觀念上有可以匯通之處。

至於對於史學與社會科學的關係，雖然從在美國芝加哥大學時期，林毓生就對社會科學的知識，如社會學、政治學、經濟學、人類學下過很多工夫，他也從學於海耶克，且在他的著作中不時會引入社會科學的概念。從當時他還在芝大社會思想委員會讀書時即持此觀念，他1962年就致函對殷海光說，絕不必等到懂了許多社會學、人類學或心理學後才能寫中國近代思想史的著作，他說，

> 史學家如對這些學問毫無所知，自然免不了「土包子」之譏，正如
> 人類學家、社會學家、心理學家不懂歷史免不了「土包子」之譏一

---

8 林毓生，〈中國人文的重建〉，《思想與人物》，頁36-45。

9 余英時所謂的「史無定法」的意思是指史學沒有固定的方法，在技術層面上，史學是不斷地吸收其他各有關學科的方法以為己用；且基本上史學研究是沒有捷徑可走的，一切要靠史家去辛苦而耐心地摸索，參見余英時，〈中國史學的現階段：反省與展望〉，《史學與傳統》，頁18-19。

10 余英時，〈從「反智論」談起〉，《史學與傳統》，頁122。

樣，但，這些相關學科的功能只是 suggestive〔具有參考或提示的價值〕，史學家最最要緊的工作還是掌握史料，至於史論的成就，在於如何讀書得間，把一般人輕易放過的要點抓住；和如何在腦筋運作的時候，一步一步地推論，比別人能「更上一層樓」。陳寅恪的《隋唐政治史述論稿》便是讀書得間的好例子。[11]

是故當他 1965 年在著手從事博士論文的撰寫工作時，他就提到：「材料看不夠多，思想卻很多，這是搞思想的人寫歷史最大的危險，只有咬緊牙關拼命克服了。」[12]從林毓生後來的博士論文成書的《中國意識的危機》起，以及他後來所有史學的專業論文，都可以看出林毓生是謹守史料的證據，惟在守住史學這最基本的底線後，他就借用諸多社會科學的知識、理論，來輔助他建立那令人稱道的「史論」。

而對於史學與社會科學的關係，林毓生在他成學的過程中，已做過深刻的反思。在他 1962 年 8 月 18 日致函殷海光時提及，他並不認為史學家的眼力的增長與其獲得的社會科學方面的知識之多寡成正比，接著他說：

---

[11] 〈林毓生致殷海光函〉，《殷海光・林毓生書信錄》，1962 年 4 月 25 日，頁 87-88。又此信中所提及陳寅恪的《隋唐政治史述論稿》，其實正確書名應是《唐代政治史述論稿》。經筆者查核 1984 年 4 月臺灣遠流版和 2008 年 7 月中國大陸吉林出版公司版，這兩個版本的《殷海光・林毓生書信錄》，皆是書寫《隋唐政治史述論稿》，所以不是繕打印刷的錯誤，而是林毓生原函所書，此有可能是當時林毓生錯誤記憶書名，也有可能林毓生的思想意識中所指的是陳寅恪的《唐代政治史述論稿》與《隋唐制度淵源略論稿》兩本書，因為陳寅恪這兩本書都符合林毓生所言是讀書得間，且在史料及史論上都有精彩分析的經典之作。嚴耕望在評論近代中國著名的「史家二陳」：陳垣與陳寅恪時，論及史學考證之術有述證與辯證兩類別、兩層次。述證的論著只要歷舉具體史料，加以貫穿，使史事真相適當的顯露出來。此法最重史料蒐集之詳贍，與史料比次之縝密，再加以精心組織，能於紛繁中見其條理，得出前所未知的新結論。辯證的論著，重在運用史料，作曲折委蛇的辨析，以達成自己所透視所理解的新結論，此種論文較深刻，亦較難寫。而陳垣近於述證，陳寅恪側重辯證。陳寅恪的歷史考證往往分析入微，證成新解，故其文勝處往往光輝燦然，令人嘆不可及，參見嚴耕望，〈史學二陳〉，《治史答問》（臺北：商務印書館，1988），85-86。另外對陳寅恪的學術精神之研究，最重要的兩本書為：余英時，《陳寅恪晚年詩文釋證》和汪榮祖，《史家陳寅恪傳》（臺北：聯經，1997 年增訂二版)。

[12] 〈林毓生致殷海光函〉，《殷海光・林毓生書信錄》，1965 年 7 月 27 日，頁 138-139。

我的意思是指現在許多 technical 的社會科學的問題，例如 voting behavior 是現代政治系的必修課，Econometrics 則是經濟學中最主要的 branch，從事歷史研究，不去研究、分析史料，而去學計量經濟學，在我看這個路實在走得太遠了。However，社會科學的許多 conccpts，對史家的幫助，可說是很大的，研究思想史，如不懂 Max Weber，Emile Durkheim，真可說沒有資格發言。[13]

　　林毓生儘管成學過程中受到哲學、社會科學影響甚多，而且對於在臺大歷史系就讀時的學風，主要是以考據為主的新漢學研究風格就有所不滿。基本上他不是走傳統的漢學路徑，但他對於史學研究中最重要的紀律：尊重史料的，大致上是持守甚嚴的。觀諸他的思想史研究論著，儘管其中有諸多思想、哲學的觀念論證與分析，但所有的分析，也正如他所尊崇的韋伯一樣，是充分尊重經驗的歷史證據。當代中國思想史研究領域，海外幾個重要的華裔學者余英時、林毓生、張灝等人，大抵上都是受到西方學術及社會科學的影響，但他們的研究取徑都是在尊重史料的原則下，方才援引西方社會科學的理論和觀念來輔助闡釋中國歷史問題的特性，以建立他的「史論」。余英時 1986 年完成《中國近世宗教倫理與商人精神》一書，他在此書的序言中，有段話正代表著當代中國思想史研究傳統應該走的著述風格，余英時說：

　　史學論著必須論證(argument)和證據(evidence)兼而有之，此古今中外之所同。不過二者相較，證據顯然佔有更基本的地位。證據充分而論證不足，其結果可能是比較粗糙的史學；論證滿紙而證據薄弱則並不能成其為史學。韋伯的歷史社會學之所以有經久的影響，其原因之一是它十分尊重經驗性的證據。甚至馬克思本人也仍然力求將

13　〈林毓生致殷海光函〉，《殷海光・林毓生書信錄》，1962 年 8 月 18 日，頁 97。

他的大理論建築在歷史的資料之上。韋、馬兩家終能進入西方史學的主流決不是偶然的。[14]

余英時此處所言已涉及近代中國史學發展的「史料學派」與「史觀學派」的問題，余英時在 1979 年為當時臺灣的《史學評論》所寫的代發刊詞〈中國史學的現階段： 反省與展望〉，已有很深刻的檢討。然而以胡適、傅斯年為主的「史料學派」誠然在史學觀念上，因實證主義思維的影響，有其推之過甚之處，然終為中國史學的現代化貢獻卓著，但「史觀學派」相當程度上是遠離史學研究的基本紀律。[15]

另外林毓生所提出計量經濟學對於史學的研究畢竟是離很遠的，這大概是林毓生此時在美國所觀察到的當時歷史研究趨向。其實在二十世紀的史學界曾經在 1950 年代到 1980 年代時流行過三種「科學化的歷史」，然而這三種歷史研究並非根據新的史料而形成，而是根據新的解釋模式或新的方法產生。這三種是馬克思的經濟解釋模式、法國的生態——人口學模式，以及美國的「計量經濟學」方法，根據這種史學的趨勢，著名的英國史學家勞倫斯·史東(Lawrence Stone)於 1979 年，發表了〈歷史敘述的復興：對一種新的老歷史的反省〉(The Revival of Narrative: Reflections on a New old history)重要的論文。在一片標榜科學史學的當代史學氛圍下，正是標誌著敘述史學從衰落到復興，而這一遠源流長的史學撰寫體式終於在科學的史學洪流中仍證明其有價值的部分。[16]史學畢

[14] 余英時，〈關於韋伯、馬克思與中國史研究的幾點反省——《中國近世宗教倫理與商人精神》自序〉，《文化評論與中國情懷》，頁 166-169。

[15] 余英時，〈中國史學的現階段：反省與展望〉，《史學與傳統》，頁 1-29。

[16] Lawrence Stone, "The Revival of Narrative: Reflections on a New old history", 收錄於 *The Past and the Present Revisited* (London: Routledge ＆ Kegan Paul Ltd., revised, 1987) ,pp.74-96. 中文譯本參見勞倫斯·史東(Lawrence Stone)著，古偉瀛譯，〈歷史敘述的復興：對一種新的老歷史的反省〉，收錄於陳恆、耿相新主編，《新史學(第四輯)》(鄭州：大象出版社，2005.7)，頁 8-27。Lawrence Stone 並且在一篇受到「美國學術團體聯合會」(ACLS)的邀請的第三屆哈斯金斯講座(Charles Homer Haskins Lecture)中的有關自己的學思歷程的演講中提及，雖然他仍然對巴黎的年鑑學派史學家們的敬佩未曾動搖過，不過對於他們基本的原則和方法，他已經有若干程度的保留，對於他們特別喜歡在靜態的「結構」(static "structure")和動態的「局勢」(dynamic "conjuncture")之間，作方法論上的區分並認為

竟是人文學最重要的一門學科，而不是冰冷的計量數字、或生態——人口學或自認是科學史學的馬克思的經濟決定論所能涵蓋。實際上林毓生在美國留學之際，適逢西方史學在科學史學的壟罩之下，但他並不遵從當時史學主流的這一研究趨向，此大概是源於他在社會思想委員會讀書時，從經典思想的訓練中，讓他能擺脫某種形式、實證的思維，而以人文的具體現象出發來作研究。其實林毓生所在的芝大社會思想委員會並不是中國或東亞的研究重鎮。如何炳棣是在 1963 年始赴芝大歷史系教授中國歷史及制度課程，1965 年擔任湯普遜講座教授(James Westfall Thompson Professor of History)，從現有的史料看來，林毓生並未在芝大歷史系上過何炳棣的課。而當時的東亞研究，恐怕仍是哈佛的費正清、楊聯陞等人的陣容，領先全美國。然儘管在芝大林毓生並未正式上過中國歷史與文化的課程，但他仍持續關注當時西方漢學中國史研究的發展。如在1962 年時他致函給殷海光時，曾對當時美國的漢學家著作曾有所評論：

Arthur Wright 的 The Study of Chinese Civilization 大概是他最好的一篇 paper，的確很棒。但此公的其他作品則不甚了了，如 *The Confucian Persuasion*〔《儒家信念》〕(1960)的"Sui Yang-Ti：Personality and Stereotype"〔隋煬帝：個性與刻板印象〕。(倒是他太太的《同治中興》，功力甚深。)這位先生的社會科學 background，我看也不見得很深，但自然比在美國搞漢學的中國老朽們要高明多了。此地靠賣漢

學吃飯的中國人和國內的一批老先生沒有什麼兩樣：土頭土腦，酸
腐不堪而已。[17]

從這裡可以看出林毓生初到美國時(1962)，對美國的漢學的不滿，所謂「在
美國搞漢學的中國老朽們」，以及「靠漢學吃飯的中國人和國內的一批老先生
沒有什麼兩樣：土頭土腦，酸腐不堪而已」之語，雖未指明國內老先生為誰，
但據林毓生對史學所懸的理想推論，大概就是指臺大、中研院那些以考據為中
心目的的「史料學派」史學家吧！而從函中也可看出林毓生對「社會科學」的
知識背景之重視，意欲以此幫助未來中國史研究開拓新境。在林毓生後來的思
想史研究論著中，他特重韋伯的研究方法，及引入諸多韋伯分析西方現代性的
理念，其實對臺灣、中國的學術研究的豐富化，是頗具影響的。

實際上，臺灣或中國大陸在對韋伯產生閱讀的熱潮之前，林毓生大概是最
早提倡要注意韋伯學說的最重要學者之一。在 1976 年之際，林毓生與史華慈有
段關於中國近、現代的思想、文化、政治的對話，他就提出韋伯之所以在中國
較少引人注意，其中原因之一，可能是傳統中國整體觀與一元論的思想模式(a
traditional Chinese holistic and monistic mode of thinking)仍然甚具支配力的緣
故。因此，韋伯從社會中不同趨勢所造成的緊張與衝突，以及從社會辯證的繁
複性去瞭解社會的精微與非化約主義的見解，對那些仍受中國傳統思想模式影
響的人士而言，是比較不易接近的[18]。語意自然希望華人世界能去重視韋伯的
著作。

而在林毓生成學的過程中，顯然韋伯是對他的思想產生最重大影響的少數
西方學人之一。早在他第一本英文專書《中國意識的危機》中，就已經使用了
韋伯理念型的分析方法，其中韋伯的「意圖倫理」與「責任倫理」對於他從比

---

[17] 〈林毓生致殷海光函〉，《殷海光・林毓生書信錄》，1962 年 11 月 18 日，頁 103。

[18] 〈史華慈、林毓生對話錄——一些關於中國近代和現代思想、文化、與政治的感想〉，《思想與人
物》，頁 464。

較的思想觀點來關照中國傳統政治觀的困境，[19]以及以此來衡量現實政治人物的政治作為的評價，允為他公共關懷的核心觀念[20]，這都可以看出韋伯對林毓生的深刻影響。是以在 1970 年代中期到 1990 年代左右，林毓生透過回臺灣授課(臺灣大學)、演講、文章發表，影響著當時臺灣的學術文化界。[21]

　　實際上引進韋伯的理念進入中國史的研究的過程中，余英時在 1976 年所寫的〈「君尊臣卑」下的君權與相權──「反智論與中國政治傳統」餘論〉著名的論文中，就曾援引韋伯對「傳統」與「現代」的學術理念在社會科學上的影響；韋伯對官僚制度(bureaucracy)的分析概念；和韋伯從比較宗教社會學的角度所寫的名著《中國的宗教》諸多的分析概念，據以從比較的視角來探究中國傳統政治的特性，及如何形成「君尊臣卑」的君權與相權的格局[22]。到了 1987 年余英時更是出版了《中國近世宗教倫理與商人精神》一書，余英時指出此書

---

[19] 林毓生從比較思想史的發展所作的研究，並運用韋伯的「責任倫理」與「意圖倫理」的概念，據以探究出中國傳統政治觀的困境之論文，最重要代表性的論文：〈魯迅政治觀的困境──兼論中國傳統思想資源的活力與限制〉，《政治秩序與多元社會》，頁 253-275。

[20] 林毓生 1982 年以韋伯的「意圖倫理」與「責任倫理」來疏解現實從事政治所應採取的原則，比較重要的論文有：〈如何做個政治家──為祝賀新生代臺北市議員當選而作〉，《思想與人物》，頁 397-410；〈「臺獨」是當前民主發展的障礙〉，《聯合報》，1991 年 5 月 28、30 日，第 4 版；以及唐光華專訪，晏山農紀錄整理，〈政治家的條件-專訪林毓生院士談對於新總統的期待〉，《中國時報人間副刊》，2000 年 5 月 15-19 日，37 版。

[21] 林毓生在 1974 年年底回到臺灣，受到當時也在臺北的友人余英時的鼓勵，希望旅美的人文學者應該撥出一部份時間用中文撰寫文章，並強調其重要性。而 1975 年起林毓生開始在臺大歷史系講授「思想史方法論」課程之後，又剛巧遇到一批奮發有為的青年朋友，這些青年大都極為關心中國文化的未來，並誠懇地企盼能獲得更正確的思想取向、更精密的思想方式、與更豐實的思想內容。於是林毓生受到他們對於思想問題的重視與鼓勵，覺得應該把自己歷年來的思索所得儘量明晰地、周延地提出來與他們和中文讀者一起切磋，這是林毓生對臺灣人文學界學術影響的開端，這段敘述參見林毓生，《思想與人物》一書中的〈自序〉，頁 1-2。林毓生這些文章後來在臺灣學界、文化界都產生很大的回應，如在〈中國人文的重建〉(1982 年)文中引進韋伯的社會科學方法論的見解；在〈什麼是理性〉(1982 年)文中介紹韋伯的《新教倫理與資本主義的精神》中如何由傳統中產生生辯證性的連續性，並對傳統來作轉化；在〈再論自由與權威的關係〉(1983 年)文中，引用韋伯所界定的權威的不同類型的概念，來進一步論述自由與權威的複雜關係，林毓生上述論文皆收錄於《思想與人物》一書中，所引述的韋伯部分，見頁 44-45；85-86；112。

[22] 余英時，〈「君尊臣卑」下的君權與相權──「反智論與中國政治傳統」餘論〉，《歷史與思想》(臺北：聯經，1997.06 二十刷)，頁 47-75。

的寫作起於兩種外緣因素：第一是五十年代以來中國史學界關於「資本主義萌芽」的熱烈討論；第二是近年來西方社會學家企圖用韋伯關於「新教倫理」的說法解釋東亞經濟現代化的突出現象。此書的寫作深受韋伯《新教倫理與資本主義的精神》的啟發，畢竟如余英時所言，韋伯在今天西方的社會科學界和史學界上顯然是處於中心的位置。就如同在近代西方哲學史上，哲學家中有人向康德立異，也有人和他同調，但沒有人能夠完全不理會他的學說，韋伯的情形便和康德十分相似。[23]

實際上韋伯思想學說何時被介紹到中國和臺灣來似已不可考，惟在 1980 年代起，韋伯的大名及某些名詞、觀念已經常常出現在臺灣修習人文、社會科學人的口和文章中，其實當時臺灣只有兩本韋伯的著作被翻譯成中文，一是張漢裕教授所翻譯的《基督新教的倫理與資本主義的精神》，不過譯本並不完全，書中對喀爾文教派以外之新教各派的討論，以及份量不下於正文的註釋都沒有譯出；一是鄭太朴先生所翻譯的《社會經濟史》。這兩本著作，前書大約出版於 1960 年，後書約出版於 1936 年，一直到 1986 年左右，臺灣新光吳氏基金會贊助出版的「新橋譯叢」推出《韋伯選集》，這是繼張漢裕、鄭太朴的翻譯之後最具規模的韋伯著作翻譯[24]。目前這套書業已出版《宗教社會學》、《支配社會學》、《古猶太教》、《支配的類型》、《基督新教倫理與資本主義精神》、《印度的宗教:印度教與佛教》、《法律社會學》、《中國的宗教》；其他如時報出版公司 1991 年亦出版了《社會科學方法論》；聯經出版公司 2013 年出版了《韋伯方法論文集》。實際上臺灣學術界對韋伯的重視及翻譯出版，確與1970、80 年代以後余英時、林毓生的演講引進與論文討論的開啟風氣有關。

熟稔臺灣學術界與文化界的王汎森先生就曾為文說過，其實在 1980、90年代之際，臺灣的學術界、文化界中，余英時、林毓生、張灝、許倬雲諸位先生每次在臺北演講時，聽眾都是成百上千的，曾有一次余英時在臺北臺灣師範

---

[23] 余英時，《中國近世宗教倫理與商人精神》(臺北：聯經，2004.05 二版)，一書的〈自序〉，頁 57；以及〈序論〉，頁 1。

[24] 杭之，〈韋伯對反省我們當前處境的意義——《韋伯選集》評介〉，《一葦集續集》，頁 21-34。

大學演講時，不僅禮堂裡擠滿了人，外面的電視牆還擺了幾排位子。[25]而林毓生當時在臺北的演講盛況，1980 年 9 月 4 日的聯合報即有報導「昨晚七時三十分，美國威斯康辛大學教授林毓生，應本報邀請在國立臺灣藝術館舉行『中國人文的重建』學術演講，觀眾約有一千人，情況非常熱烈」、「演講進行了一個半小時，演講後發問非常踴躍，討論又延續了一小時才結束。全部演講紀錄整理後，將在聯合報副刊登載」[26]，當時臺灣的兩大報《中國時報》、《聯合報》每天發行量是超過百萬份，透過這些新聞媒體的傳播，尤其當時的報紙副刊更是一個重要的公共知識論壇，影響力無遠弗屆。而另一位在臺灣文化界、出版界極重要的領導人物，現任聯經出版公司的發行人林載爵先生即曾為文分析過，1975 年是臺灣思想發展很重要的一年，這一年林毓生首度返臺任教，開啟了一批想要獲得更正確的思想取向、更精密的思想方式的青年學生的視野。五月份林毓生在《中外文學》的長文〈五四時代的激烈反傳統思想與中國自由主義的前途〉，點燃了沉悶氣氛下青年學生重探狂飆年代的興趣，對自由主義的期待也隨之升起，並且也領會思想問題的不同討論方式。隨後余英時的〈清代思想史的一個新解釋〉、〈反智論與中國政治傳統〉、〈君尊臣卑下的君權與相權〉、〈唐、宋、明三帝老子注中之治術發微〉，[27]以及 1982 年張灝所演講的〈幽暗意識與民主傳統〉，當時都在臺灣引發學術討論的熱潮，而林毓生、余英時在討論問題時都不時引用當代西方學者的觀點，對封閉的臺灣思想環境中的青年學生而言，更是帶來極大的刺激。此後，翻譯現代思想名著，成為幾家出版社的共同職志，知識青年在這方面所表現的求智渴望，是 1970 年代末期

---

[25] 王汎森，〈史家與時代：余英時先生的學術研究〉，《網上書城(電子版)》，2011 年 3 月刊，頁 8。

[26] 參見《聯合報》，1980 年 9 月 4 日，第 7 版的報導。

[27] 這些論文皆收錄在余英時，《歷史與思想》。而這本書據聯經出版公司發行人林載爵說，是臺灣極為少見的史學暢銷書籍，從 1976 年出版至 2014 年為止，總共有 34 刷，到了 2014 年有了新版(第 2 版，加入余英時〈新版序〉一文)的書，2014 年 3 月余英時回憶提及，他當時所寫的〈反智論與中國政治傳統〉在《聯合報刊》連載很多天，且「更意外的是此文無意中觸動了臺灣學術和文化界的政治神經，因而引起相當廣泛而持續的強烈反響」，參見余英時，《歷史與思想》(臺北：聯經，2014 二版)，書中的〈新版序〉，頁 i。

臺灣文化界極為突出的現象。[28]聯經出版社是臺灣出版界的龍頭老大，發行人林載爵更是對臺灣學界、文化界知之甚深，他的觀察正是這段臺灣文化、思想界發展非常重要的證詞。

是以總的來看，林毓生雖然批評近代中國史學流於考據為中心，而與時代有所隔閡，但他對史學之於史料要求的基本紀律，是持守甚嚴的。只是他宣示「不以考據為中心目的的人文研究」，故林毓生則將史學與現實人生、社會做一結合，充分顯示他個人的關懷，也讓臺灣史學在主流「史料學派」之外，存在另一種史學的書寫風格。而這一風格充分將他在芝大社會思想委員會的經典思想訓練，融入於研究之中，且不時站在比較思想史的視角，援引西方重要人文、社會科學大師的學術理念，來闡釋中國、臺灣歷史問題的特性。他雖然長期在美國任教，然而與其他華裔學者如余英時、張灝、許倬雲一樣，透過著作、演講、教學，實際上已使得中國、臺灣史學的研究風格，注入新的研究質素，並使得史學研究呈現更多元、豐富的研究面貌[29]。

---

[28] 林載爵，〈燃燒的七十年代——《歷史與思想》二十年〉，《聯合報》，1996 年 7 月 1 日，42 版。

[29] 林毓生在 2006 年所出版的一篇論文中提及：「雖然我和實證論者一樣，堅定主張歷史的分析與闡釋必須建立在堅強的史料之上。但，我認為歷史研究不可停留在搜集、考證、分類、排比史料和對之做摘要式敘述的層次。我也不贊成那樣的工作背後所蘊涵的方法論預設：以為那樣做便會使我們一步一步地瞭解歷史。那種工作只能稱作是 chronicle（編年紀事），而不是 history（歷史）」、「史料考證是編年紀事的基礎；編年紀事是歷史研究的基礎。這些當然都是基本工作，並不是不重要。我自己在已發表的有關中國古代和近現代思想史的著作中，也做過一些必要的史料考證工作。我只是不贊成在這方面工作的人有時露出的，未經深思的偏見—認為他們的工作是實證的，而理論分析的工作則是形而上的、玄的、空的」、「事實上，歷史，如不加以闡釋，是無法理解的。不過，不是任何闡釋都是成功的、正確的。關鍵不在於歷史的理解是否需要建立在理論分析之上，而是如何使理論分析做得成功以便增加歷史闡釋的有效性。有效的歷史闡釋既不玄也不空，雖然有時比較抽象。」，從林毓生一生中所做的歷史研究，可以說都是在上述這些歷史研究理念下的實踐，參見林毓生，〈問題意識的形成與理念／理想型的分析〉，《四分溪論學集——慶祝李遠哲先生七十壽辰》，頁 406-407。

八、結論：從事「創造性轉化」的歷史意義

綜論林毓生一生中對「傳統」與「現代」要如何調適—這一近代中國知識分子最關懷的知識課題—他所提出最核心的解決方案，即是主張對中國傳統進行「創造性轉化」的工作。而林毓生「創造性轉化」概念的提出，必須放在近代中國受到西方思想、文化衝擊，而中國在面對這一挑戰下，所不斷提出各種因應方案的歷史脈絡下來作思考。從中國歷史來看，鴉片戰爭以後，近一百七十多年來，其他有關現代化的理論，從張之洞的「中學為體，西學為用」、汲取「古今中外」之長的拼盤式折衷主義，五四時期胡適的「整體性反傳統主義」，全盤西化論，「拿來主義」，港臺新儒家所謂民主與科學可從中國傳統「開出」說，杜維明的「儒學第三期發展論」[1]，李澤厚的「西體中用」論[2]，這些都是

[1] 杜維明所謂儒學第三期的發展論，是指以先秦兩漢儒學為第一期，以宋元明清儒學為第二期的提法，而提出儒學第三期發展的前景問題，是針對賴文森在《儒教中國及其現代命運》一書中斷定儒家傳統已經死亡的結論而發。在杜維明看來，雖然自五四以來自由主義的胡適、社會主義的陳獨秀、大文豪魯迅，作家巴金、文士吳虞，他們形成打倒孔家店為目標的壯大聲勢，影響很大，但是從熊十力以來，牟宗三、徐復觀、唐君毅新儒家，以及中國大陸(如李澤厚、龐朴、湯一介、陳俊民、朱維錚)、臺灣(如張亨、梅廣、錢新祖)、香港(勞思光、劉述先、金耀基)、和北美(余英時、張灝、林毓生、李歐梵)的中國知識分子，對於儒家傳統的複雜性、內容的豐富性以及可能的引進一些新的人文思想這一課題，照察得比較全面。且在東亞，不少知識分子已經意識到儒家傳統在工業東亞的五個地區：日本、南韓、臺灣、香港和新加坡發揮了導引和調節的作用，故儒學研究在今天東亞的學術界已蔚然成風，在杜維明眼中這儼然已是讓他有諸多信心提出當代是儒學第三期發展的契機，參見杜維明，〈儒學第三期發展的前景問題〉，《儒學第三期發展的前景問題》(臺北：聯經，1995 年初版二刷)，頁 272-316。杜維明的說法在整體思維上，自然延續著牟宗三、唐君毅、徐復觀以來，希望從儒家來開出西方最重要的現代文明價值民主與科學。不過杜維明因為長期在美國哈佛大學任教，且與歐美、日本的國際學界有諸多的學術往來，是以他總從較深廣的世界文化史的思想、背景來思考儒學轉化的問題，說法更為豐富。而林毓生與杜維明除了前文提及的為唐君毅之評價問題有過文字論爭外，林毓生並沒有正式對於杜維明的儒學第三期發展的課題提出論辯。惟從林毓生整體的學術思想來考察，他大致上可能仍以為杜維明觀點所面臨的困境，是與中國近代文化保守主義從梁巨川、新儒家牟宗三、徐復觀、唐君毅的問題性一樣，他們最重要的問題癥結是這些新傳統主義哲學家們，「傾向從普遍的觀點，為保存中國道德傳統作論辯，卻不能為傳統或傳統主義的道德價

在思考「傳統」與「現代」之間要如何作調適，並脫離歷史困境的思維途徑，但在林毓生看來，這些提法都是在理論與實踐層次上呈現著難以紓解的困境。而林毓生從在芝加哥大學社會思想委員會讀書之際，就已慢慢形成他「創造性轉化」的概念，以作為他思考如何調適傳統與現代化的具體主張。

　　林毓生對於「創造性轉化」的觀念，最早大概在 1967 年時給殷海光的信中初步提出，他在讀了當時芝大老師 Edward Shils 論傳統與自由的關係之文章後，覺得和他自己對傳統與自由的看法很接近，在信中他說：

> 傳統與自由的關係當然極為複雜，但分析到最後，如果一個時代的知識分子完全放棄了傳統，他們即使高唱自由，這種自由是沒有根基的。中國知識分子自五四以來的悲運是：1.傳統的符號與價值被如此地濫用，以致很少自認是進步的與有良心的現代知識分子願意認同它們。2.那些認同傳統價值的知識分子卻缺乏原創力。因此，他們未能在現代的脈絡中為中國傳統提供新的意義，反而以整體主義的

值與理想，創造在社會上新的與具體的展現方式」。林毓生雖然認為中國的現代化，必須立基於中國傳統的基礎上作創造性轉化方能成功，但西方民主自由體制的建立，與西方法治的建立有非常複雜、密切的歷史關係，是以如何在形式上建立民主制度外，更必須對於建立民主制度後面的思想、文化、社會的因素有更深廣的歷史認識，並進而真正建立起民主背後的文化，但這些對於新儒家與杜維明而言，林毓生以為他們於此的反思與實踐，基本上是薄弱的。

2　李澤厚在 1987 年時曾發表「西體中用」的說法，一方面他要堅持唯物史觀；另一方面，卻要使中國適應源自西方的法治、自由、與民主的思想與制度所帶來的刺激，以便建立適合中國的個人自由、社會正義、與民主生活。而他所謂的「西體」是指西方的科技和生產力(他認為製造與使用工具為人類基本特徵和社會存在的本體所在)，而「中用」指的是以新型式創造出來適合中國的個人自由、社會正義、與民主形式，參見李澤厚，〈漫說「西體中用」〉，《中國現代思想史論》(臺北：三民，1996)，頁 350-367。對於李澤厚的提法，林毓生表示李澤厚的思想相當鬆散與通俗，因為從西方歷史來看，資本主義的生活與民主憲政之間的關係，是非常多元、複雜的。如在科技、生產力發達之前，已有法治的的基礎(如在英國)，在法治配合之下的科技、生產力的發展，有時可以促進民主的發展，但有時則未必。如希特勒上臺之前，德國的科技、生產力的發達，則是極權主義興起的前提或條件。事實上，早已植根在英國政治、經濟、社會、與文化的法治(英國的法治，源自中世紀，不是近代科技、生產力為前提)，乃是十八世紀英國資本主義的經濟組織與生產力發展的條件或前提。林毓生批評李澤厚一直堅持他的唯物史觀，以致無法檢查他一元式、過分強調唯物的一面，參見林毓生，〈「西體中用」論與「儒學開出民主」說評析〉，《中國傳統的創造性轉化(增訂本)》，頁 457-459。

模式(亦即：基本教義派的款式)歸順於傳統。所以，他們在自認是進步的知識分子眼中，成為笑柄。3.這樣兩極化的結果是：創造性改革主義無法在中國出現。(創造性改革主義是指：傳統的符號、價值、與信念系統經由重新改造並取得新的方向，以致能夠提供變遷的推動力，同時並保持文化的認同。)因此，在這個變動的過程中，創造性改革主義排除了傳統解體危險，同時保持了文化的認同。

我的論文的主要目的之一便是分析：1.一個有生機的創造性改革主義，如何未能在近現代中國的環境中出現？(胡適的「改革主義」，由於內含極為激烈的反傳統成分以及其形式化、機械化的論式，當然不可能成為有生機的創造性改革主義。事實上，他的「改革主義」顛覆了他的追隨者，根據他的思路，發展出來有生機的創造性改革主義的可能。)2.對於中國傳統進行整體主義式的排斥與無法創造一個有生機的自由哲學的關係。

從前是注重中國自由主義的失敗，現在我認為五四時代，根本就沒有有生機的系統性自由主義。胡適等人的言論，最多只能說是具有自由的導向而已。然而，那些言論卻與阻礙一個有生機的自由哲學在中國成長的許多思想成分(諸如：工具主義的相對主義、懷疑主義、科學主義、社會達爾文主義)混淆在一起。[3]

　　林毓生在 1967 年之際，大致上已經形成他爾後關於「傳統」與「現代」之間如何的調適的整體方案的雛形。於是進而在 1969 年五月四日，於哈佛大學舉行的一個小型紀念五四運動五十週年學術研討會上正式提出「創造性轉化」的

---

[3]　〈林毓生致殷海光函〉，《殷海光・林毓生書信錄》，1967 年 12 月 23 日，頁 190-192。林毓生曾指出 creative reformism 這個名詞並非他所杜撰，而是 Robert Bellah 在其編印的 *Religion and Progress in Modern Asia*(New York：The Free press,1965)一書中曾經用過(見該書頁 210)。惟林毓生後來覺得用 creative transformation of Chinese tradition(中國傳統創造的轉化)來表達他提出的觀點，比較更為適當，參見林毓生，〈殷海光先生一生奮鬥的永恆意義〉，《思想與人物》，文中的註解 7，頁 320。

主張。那篇論文於 1972 年發表在史華慈編輯的論文集 *Reflections on the May Fourth Movement* 中。[4]在這論文中，林毓生分析了五四反傳統主義的代表者陳獨秀與胡適的反傳統思想之特質，同時研究指出這種反傳統思想是源自於中國自先秦以來儒家知識分子的「藉思想、文化以解決問題的方式」。但以五四時期最重要的知識領袖而言，他想要引進自由的理想卻採取對傳統激烈批判的態度，這從林毓生所承繼的西方海耶克這派自由主義的傳統而言，他們認為現實的各種秩序的建立，實際上是由歷史演化而來，而不是思想單一因素的建構而成，故要在中國推行自由的理想，從歷史演化的觀點看來，它是必須植根於傳統的基礎上。故對於自己的傳統全面的抗拒，並不能從此順利無礙的引入西方另一個思想、制度，相反的，必須在傳統的基礎上作創造的轉化(creative transformation)工作，而這項轉化才能真正的在自己的文化中引進並生根西方的思想與制度。

之後幾十年的學術論著、文章中，林毓生對此「創造的轉化」的看法，繼續有所補充與論述，並且反覆修訂，一直到 1995 年 6 月 2 日正式定稿的版本為〈「創造性轉化」的再思與再認〉論文，近三十年間林毓生不斷思考這一問題，終於他認為對這一思想的方案，已臻成熟。[5]而他對這一概念作了這樣的敘述：

> 「創造性轉化」是指：使用多元的思考模式，將一些中國傳統中的符號、思想、價值與行為模式選擇出來，加以重組與(或)改造(有的重組以後需加改造，有的只需重組，有的不必重組而需徹底改造)，使經過重組與(或)改造的符號、思想、價值與行為模式，變成有利於

4　這篇文章的中譯即是〈五四時代的激烈反傳統思想與中國自由主義的前途〉，《思想與人物》，頁139-196，「創造的轉化」(creative　transformation)一詞的提出在頁 193。

5　林毓生有關「創造性轉化」的研究討論文獻，主要有：〈「創造性轉化」的再思與再認〉，《聯合報·副刊》，1993 年 11 月 29 日；〈中國傳統的創造性轉化〉，《歷史月刊》，1996 年 4 月號，頁72-82；〈「創造性轉化」的再思與再認〉，《文化中國》，第 3 卷第 2 期，頁 21-34；〈「創造性轉化」的再思與再認〉，收錄於王元化主編，《學術集林(卷六)》(上海：上海遠東出版社，1995)，頁 191-222。後兩篇文章內容大致上相同，且較前兩篇文章詳細。

革新的資源；同時，使得這些(經過重組與(或)改造後的)質素(或成分)，在革新的過程中，因為能夠進一步落實而獲得新的認同(此處使用的術語中，「行為模式」當然包括政治、社會、經濟的行為模式)。
6

　　對於「創造性轉化」的觀念，林毓生並不是只有在理論上作論述，他同時也具體檢討如何在中國的傳統上，經由「創造性轉化」的過程與西方的價值作接榫的工作。比如說自由主義如何在中國生根，一直是他終生最為關懷的課題，他基本的價值取向是希望能在中國和臺灣建立有尊重人權價值的民主制度，是以必須在中國傳統的基礎上進行「創造性轉化」的工作。首先他就探討儒家思想是否有和西方「自然和不可剝奪」（natural and inalienable）權利觀念進行對話的可能。這個概念是西方憲政與共和政府興起的一個主要正當性基礎，亦是現代民主社會中公民意識和公民道德的一個重要部分。林毓生檢視儒家中的「仁」的概念，認為係可以與西方的人權觀念有諸多匯通之處和進行有益的對話，雖然儒家等級社會觀基本上與西方的人權觀念是不同的，但並非不可用創造性轉化來與西方人權觀念接榫。且林毓生認為在創造性轉化的過程中，可以排除西方人權觀念中過份氾濫和異化的部分，因為經過儒家以仁義禮智等價值作補充後，對權利的實踐和人權的追求未必會導致西方式社群價值和人權衝突的局面產生。如一些後現代主義者以及其他學者就曾批評西方追求人權的理念及實踐的種種弊病，像當代社群主義者麥肯泰爾（A.MacIntyre）就稱人權為「對自私和罪惡的理性化掩護」，這近乎是一種虛無主義的態度否定人權。對於西方的這一些問題、困境，林毓生認為應該在文化、教育、社會和政治等領域上致力改革，將人權異化的機會減至最低的程度。7

6　林毓生，〈「創造性轉化」的再思與再認〉，《文化中國》，第 3 卷第 2 期 ，頁 23。

7　林毓生，〈儒家傳統與西方人權思想的對話──再思中國傳統的「創造性轉化」〉，《明報月刊》，2000 年 1 月號，頁 59-62。

從這裡可知，林毓生雖然秉持西方的價值理念反思中國和臺灣的民主自由的建立，但是他也知道須避免陷入唯西方價值是尚的危險，深知西方價值理念的某種內在衝突和緊張性，而想用中國文化的價值理念來加以導正。

除此之外，林毓生也曾經透過實際運用「創造性轉化」的概念，來試圖紓解了儒家思想中「仁」先於「禮」的思想來如何與西方的人權觀念來接榫；以及傳統中國家庭倫理在現代社會轉化時的正面與負面的資源與限制；和臺灣現有的民間社會如何發展成現代的民間社會，並進而走向現代的公民社會，從這裡可以看出他苦心孤詣試圖為中國與臺灣建立有尊嚴的自由主義理想之公共關懷。[8]

「中國傳統的創造性轉化」過程是一個非常艱鉅且長時間的巨大工程，這也不是僅靠林毓生個人之力即可完成，那是要經過幾個世代人的努力，始能將「傳統」與「現代」之間的辯證關係得到妥適的安排。就如同當年儒家受到佛教外來文化的挑戰，那也必須經過數百年的調適融合，方能將彼此的關係順理得自然無礙。而當今西方文化對中國的挑戰，更遠甚於當年的佛教，是以林毓生所提出的「中國傳統的創造性轉化」工作，更必須用數代人的智力、耐心嚴肅以對，始能畢其功。

曾經擔任過美國聯邦政府司法部副檢察總長(Deputy Solicitor General, U.S. Department of Justice)的 Michael R. Dreeben，40 多年前是在威斯康辛大學麥迪遜受教於林毓生的大學部學生，他在接到林毓生決定在威大退休的信之後，回覆給林毓生的長函中，對於林毓生的教學風格回憶說：

> 我接到了您解釋為何做出退休決定的深思長信。我帶著很複雜的心情唸完了這封信。您的來信，展現了所有讓您成為一位深具啟導力量的老師的品質——您對嚴謹思考與分析的重視，您選擇表達思想中曲折幽微看法時所用的仔細而準確的語言，您對知性生活的重要

[8] 對林毓生的「創造性轉化」觀念較為詳細的討論，參見簡明海，〈林毓生「創造性轉化」對五四自由思想的批判與繼承〉，《思與言》，第 49 卷第 1 期，2011 年 3 月，頁 199-247。

性所抱持的熱情，以及您對學生的高度期望與對教育價值的肯定。
這封信帶我回到了在麥迪遜選修您第一門課時，我的經驗的種種記
憶。在那門課上，我學會了讓深奧的文本吐露其內蘊秘密時所需運
用的分析技巧。我開始體會到，如何同情地深入歷史上個別的思想
家出自內心對於思想世界進行的探索，可以成為我們了解歷史與社
會上更加寬廣趨勢的關鍵樞紐。我同時也回想您是如何透過教學顯
示著長者的風範：您個人的文化素養與對知識的誠實信守，您對於
學問事業本身的熱情，您對每個人人格的尊重，您對歷史上的聲音
與當今世界上的問題具有重大關係的信念，您對學者之間跨世代聯
繫的持續關注，您對己身師長的尊敬與感情，以及您對每個人必須
有自己的立場這個重要性的堅持。[9]

　　這封信中對林毓生的描述，已充分說明在林毓生身上找到了熱烈與冷靜的
兩種生命風采。熱烈表現在他對知識追求與對現實公共關懷之精神與情懷；冷
靜呈現在他對知識的理性思考及文字理念的深奧精準刻劃，林毓生一生的努力
就是在貫通這種熱烈與冷靜之間所形成的生命情調。

　　本文初步的對當代華人學者中，最具代表性的自由主義知識分子林毓生的
學術思想和他的公共關懷略作分疏整理。基本上，林毓生的學術精神和方法與
近代中國史學家「新漢學」的風格相距較遠。在學術研究方法上，他受到西方
學者韋伯和史華慈的影響至鉅，尤其是韋伯的「理念（想）型的分析」方法；
而在思想的歸趨上，他又受到其師殷海光的啟蒙，及終生服膺海耶克蘇格蘭啟
蒙運動的古典自由主義，並以這種自由主義的內涵為對照，反省中國與臺灣在
提倡、實行自由主義所面臨困境的癥結之所在。

　　而林毓生顯然不是關在象牙塔的學者，他的專業嚴肅的學術研究，一方面
展現了他對歷史問題卓越的分析探討能力，同時這些研究的背後往往在更深一

9　轉引自丘慧芬編，《自由主義與與人文傳統：林毓生先生七秩壽慶論文集》，書中丘慧芬的〈前言〉，
　頁 13-14。

層次上反映了他對現實政治的公共關懷。只是他要用最嚴肅客觀的學術研究來為現實政治與社會問題的困境尋求真正的解答，這些反映在他對五四反傳統思想、胡適、魯迅、殷海光、新儒家與西方自由主義的探討研究中。

而知識分子評論時政的傳統，實際上也是傳統儒家「士志於道」真精神的發揮，林毓生延續其師殷海光在《自由中國》雜誌議政的精神，直言無隱的面對現實政治權力與政治人物的虛矯，擲地有聲地站在歷史的第一現場發聲，而這聲音卻又獨具歷史人文的思想深度。故作為當代華人世界最重要的自由主義知識分子之一，實際上林毓生已形成了一個時代人文主義的典範！

參考文獻

一、中文專書

《東方早報‧上海書評》編輯部編，《空虛雙城記》（上海：上海書店，2010.4）。

《殷海光林毓生書信錄》（臺北：臺大出版中心，2010.5）。

中央研究院第二屆國際漢學會議論文編輯委員會編，《中央研究院第二屆國際漢學會議論文集》（臺北：中研院，1989）。

中島利郎編，《臺灣新文學與魯迅》(臺北：前衛，2000)。

王元化，《九十年代日記》（上海：上海古籍出版社，2008.8）。

王元化，《人物‧書話‧紀事》（北京：人民文學出版社，2005）。

王元化，《王元化集(卷九)：書信集》(武漢：湖北教育出版社，2007.10)。

王元化，《思辨發微》(臺北：書林，1994)。

王元化主編，《學術集林(卷六)》(上海：上海遠東出版社，1995)。

王汎森，《中國近代思想與學術的系譜》（臺北：聯經出版公司，2003）。

王汎森，《近代中國史家與史學》（香港：三聯書店，2008）。

王晴佳，《臺灣史學 50 年：1950-2000》（臺北：麥田出版社，2002）。

丘慧芬編，《自由主義與人文傳統：林毓生先生七秩壽慶論文集》（臺北：允晨文化，2005）。

臺大出版中心編，《我的學思歷程4》（臺北：臺大出版中心，2010）。

臺大哲學系事件調查小組，《臺大哲學系事件調查報告》（臺北：臺大圖書館出版，2013.12）。

史華慈，《尋求富強：嚴復與西方》（南京：江蘇人民出版社，1995）。

朱賜麟、袁世敏主編，《近代中國的變遷與發展——人文及社會科學的探索》(臺北：時報，2002)。

牟宗三，《中國哲學十九講》（臺北：學生書局，1982）。

何卓恩，《殷海光與近代中國自由主義》（上海：三聯書店，2005.4 第二刷）。

何炳棣，《何炳棣思想制度論集》（臺北：聯經，2013）。

何炳棣等著，《留美華裔學者重訪中國觀感》(香港：七十年代雜誌社，1974)，
　　頁 1-34。

何炳棣，《讀史閱世六十年》（臺北：允晨，2004）。

何炳棣著，徐泓譯注，《明清社會史論》（臺北：聯經，2013）。

余英時，《中國文化與現代變遷》（臺北：三民書局，1991）。

余英時，《中國近世宗教倫理與商人精神》(臺北：聯經，2004.5 二版)。

余英時，《中國近代思想史上的胡適》（臺北：聯經，2007 初版九刷）。

余英時，《文化評論與中國情懷》(臺北：允晨，2011.8 增訂一版)。

余英時，《史學與傳統》（臺北：時報，1997 二版三刷）。

余英時，《知識人與中國文化的價值》（臺北：時報，2007）。

余英時，《陳寅恪晚年詩文釋證》（臺北：東大，2011 二版一刷）。

余英時，《猶記風吹水上鱗──錢穆與現代中國學術》（臺北：三民，1995）。

余英時，《論天人之際：中國古代思想起源試探》（臺北：聯經，2014）。

余英時，《歷史與思想》(臺北：聯經，1997.6 初版二十刷)。

余英時，《歷史與思想》(臺北：聯經，2014 二版)。

余英時，《十字路口的中國史學》(臺北：聯經，2008)。

余英時，《民主與兩岸動向》(臺北：三民，1993)。

余英時著，陳致訪談，《我走過的路：余英時訪談錄》(臺北：聯經，2012)。

吳琦幸，《王元化晚年談話錄》(上海：上海人民出版社，2013)。

宋英等著，《傅正先生紀念文集》（臺北：桂冠，1991）。

李敖，《李敖全集 21──文化論戰的一些史料與笑料》（臺北：遠流，1988
　　二版）。

李歐梵，《鐵屋中的吶喊》(香港：三聯書店，1991)。

李學勤主編，《國際漢學漫步（上卷）》（河北：河北教育出版社，1997）。

李澤厚，《中國現代思想史論》(臺北：三民，1996)。

杜正勝，《新史學之路》（臺北：三民，2004）。

杜正勝、王汎森主編，《新學術之路》（臺北：中研院史語所，1998）。

杜維明，《現代精神與儒家傳統》（臺北：聯經，1996）。

杜維明，《儒學第三期發展的前景問題》(臺北：聯經，1995 初版二刷)。

汪榮祖，《史家陳寅恪傳》(臺北：聯經，1997 增訂二版)。

沈剛伯，《沈剛伯先生文集(上集)》（臺北：中央日報，1982）。

杭之，《一葦集》（臺北：允晨，1987）。

杭之，《一葦集續篇》（臺北：允晨，1987）。

林毓生，《中國傳統的創造性轉化（增訂本）》（北京：三聯書店，2011）。

林毓生，《希臘三哲》(臺北：臺灣商務印書館，1967)。

林毓生，《思想與人物》(臺北：聯經，2007.5 二版二刷)。

林毓生，《政治秩序與多元社會》（臺北：聯經，1989）。

林毓生，《政治秩序的觀念》（香港：商務印書館，2015.07）

林毓生，《中國激進思潮的起源與後果》（臺北：聯經，2019.06）。

林毓生主編，《公民社會基本觀念(下卷)》（臺北：中研院人社中心，2014.6）。

周策縱等著，《胡適與近代中國》（臺北：時報，1991）。

柯文（Paul A. Cohen）著,林同奇譯，《在中國發現歷史——中國中心觀在美國
　　的興起》（臺北：稻鄉出版社，1991）。

約瑟夫·列文森（Joseph R. Levenson）著，鄭大華、任菁譯，《儒教中國及其現
　　代命運》（桂林：廣西師範大學出版社，2009.5）。

胡適等著，《懷念傅斯年》（臺北：秀威資訊科技，2014）。

思想編委會編著，《思想 38：「米兔」在中國》（臺北：聯經，2019.09）。

韋伯著，簡惠美譯，《中國的宗教——儒教與道教》(臺北：遠流，1996)。

韋政通等著，《自由民主的思想與文化——紀念殷海光逝世 20 周年學術研討會
　　論文集》（臺北：自立晚報社，1990）。

唐君毅，《中國哲學原論》（香港：人生出版社，1966），上冊。

唐君毅，《說中華民族之花果飄零》（臺北：三民書局，2011 二版三刷）。

殷海光、林毓生，《殷海光·林毓生書信錄（重校增補本）》(長春：吉林出版
　　公司，2008)。

殷海光、林毓生，《殷海光·林毓生書信錄》(臺北：遠流，1984 再版)。

殷海光、林毓生著，林正弘、潘光哲、簡明海等編，《殷海光·林毓生書信錄》
　　(臺北：臺大出版中心，2010)。

殷海光著，潘光哲編，《殷海光書信錄》(臺北：臺大出版中心，2011)。

殷海光著，林正弘、潘光哲、簡明海等編，《殷海光全集 17：雜憶與隨筆》（臺
　　北：臺大出版中心，2010.12）。

殷海光著，林正弘、潘光哲、簡明海等編，《殷海光文集 13——學術與思想(中)》
　　（臺北：臺大出版中心，2010.5）。

殷海光著，林正弘、潘光哲、簡明海等編，《殷海光全集 16：書評與書序(下)》
　　（臺北：臺大出版中心，2010.5）。

海耶克著，殷海光譯，《到奴役之路》(臺北：臺大出版中心，2012.8 初版四刷)。

祝萍主編，《社會重建》(臺北：時報文化，1991)。

張忠棟，《胡適五論》（臺北：稻鄉，2005）。

張忠棟，《自由主義人物》（臺北：允晨，1998）。

張灝，《幽暗意識與民主傳統》（臺北：聯經，1989）。

張灝，《時代的探索》（臺北：聯經，2004）。

張灝，《張灝自選集》（上海：上海教育出版社，2002.4）。

張灝，《梁啟超與中國思想的過度(1890-1907)》（北京：新星出版社，2006.2）。

許冠三，《新史學九十年》（臺北：唐山出版社，1987），上冊。

許紀霖、宋宏主編，《史華慈論中國》（北京：新星出版社，2006.11）。

許倬雲，《江心現明月(二)》（臺北：三民，2004）。

陳永利主編，《未名湖畔大師談.上·演講》(北京：中國人民大學出版社，2017.7)。

陳芳明，《臺灣新文學史》(臺北：聯經，2011)，上冊。

陳芳明，《現代主義及其不滿》(臺北：聯經，2013)。

陳建守主編，《時代的先行者：改變歷史觀念的十種視野》(臺北：獨立作家，

2014.5)。

陳恆、耿相新主編，《新史學(第四輯)》(鄭州：大象出版社，2005.7)。

陳鼓應編，《殷海光最後的話語：春蠶吐絲》（臺北：遠景，1980 三版）。

陳若曦，《尹縣長》(臺北：九歌，2005)。

陳若曦，《堅持·無悔》(臺北：九歌，2008)。

傅偉勳、周陽山主編，《西方漢學家論中國》（臺北：正中書局，1995 初版第
　　　三次印行）。

傅斯年，《傅斯年全集》（臺北：聯經，1980），第四冊。

賀照田編選，《殷海光學記》（上海：上海三聯書店，2004.7）。

黃克武，《近代中國的思潮與人物》（北京：九州出版社，2012.12）。

楊聯陞著，蔣力編，《哈佛遺墨－楊聯陞詩文簡》（北京：商務印書館，2004）。

劉正，《圖說漢學史》（廣西：廣西師範大學，1995）。

劉軍寧等編，《市場社會與公共秩序)》（北京：三聯書店，1996.10）。

劉述先，《文化與哲學的探索》（臺北：臺灣學生書局，1986）。

劉述先，《海外與大陸》（臺北：允晨，1988）。

劉翠溶主編，《四分溪論學集-慶祝李遠哲先生七十壽辰》（臺北：允晨，2006），
　　　上冊。

樂黛雲、(法)李比雄主編，《跨文化對話(第 27 輯)》(北京：三聯書店，2011.05）。

樂黛雲、錢林森等主編，《跨文化對話(第 24 輯)》(南京：江蘇人民出版社，
　　　2008.12)。

潘光哲主編，《胡適與現代中國的理想追尋：紀念胡適先生一二Ｏ歲誕辰國際
　　　學術研討會論文集》（臺北：秀威資訊科技，2013）。

潘光哲編，《殷海光書信錄》(臺北：臺大出版中心，2011)。

瞿海源、顧忠華、錢永祥主編，《自由主義的發展及問題：殷海光基金會自由、
　　　平等、社會正義學術研討會論文集 1》（臺北：桂冠，2002）。

嚴耕望，〈史學二陳〉，《治史答問》（臺北：商務印書館，1988）。

顧昕，《中國啟蒙的歷史圖像》(香港：牛津大學出版社，1992)。

二、史料、論文

〈中國思想史研究的前瞻座談會紀錄〉，《漢學研究通訊》，第 4 卷第 1 期，
　　1985 年 1 月，頁 8-15。

〈當代儒學研究計畫審查經過〉，《中央研究院學術諮詢總會通訊》，第 2 卷
　　第 4 期，1993 年 10 月 1 日，頁 50-59。

《聯合報》，1980 年 9 月 4 日，第 7 版。

《聯合報》，1993 年 12 月 12 日，第 2 版。

丸山松幸著，高明士節錄翻譯，〈評林毓生著《中國意識的危機：五四時代的
　　反傳統主義》〉，《書評書目》，第 90 期，1980 年 10 月，頁 46-52。

王元化，〈一九九一年回憶錄〉，《九十年代日記》（上海：上海古籍出版社，
　　2008.8），頁 50-76。

王元化，〈記林毓生〉，《人物·書話·紀事》（北京：人民文學出版社，2005），
　　頁 36-38。

王元化，〈論傳統與反傳統——從海外學者對「五四」的評論說起〉，收錄於
　　林毓生，《政治秩序與多元社會》(臺北：聯經出版公司，1989)，頁 372-385。

王元化、林毓生，〈王元化、林毓生對話錄〉，收錄於樂黛雲、錢林森等主編，
　　《跨文化對話(第 24 輯)》(南京：江蘇人民出版社，2008.12)，頁 79-115。

王汎森，〈史家與時代：余英時先生的學術研究〉，《網上書城(電子版)》，
　　2011 年 3 月刊，頁 5-18。

王汎森，〈價值與事實的分離——民國的新史學及其批評者〉，《中國近代思
　　想與學術的系譜》（臺北：聯經出版公司，2003），頁 377-462。

王汎森〈錢穆與民國學風〉，《近代中國史家與史學》（香港：三聯書店，2008），
　　頁 210-270。

史華慈、林毓生，〈史華慈、林毓生對話錄——一些關於中國近代和現代思想、
　　文化、與政治的感想〉，《思想與人物》（臺北：聯經出版公司，2007.5
　　二版二刷），頁 439-468。

江宜樺，〈臺灣自由主義思想的發展與困境〉，收錄於瞿海源、顧忠華、錢永

祥主編，《自由主義的發展及問題：殷海光基金會自由、平等、社會正義學術研討會論文集 1》（臺北：桂冠，2002），頁 95-137。

江宜樺，〈自由主義哲學傳統之回顧〉，《當代》，第 127 期，1998 年 3 月 1 日，頁 16-29。

何炳棣，〈從歷史尺度看新中國的特色與成就〉，收錄於何炳棣等著，《留美華裔學者重訪中國觀感》(香港：七十年代雜誌社，1974)，頁 1-34。

余英時，〈「君尊臣卑」下的君權與相權──「反智論與中國政治傳統」餘論〉，《歷史與思想》(臺北：聯經，1997.6 初版二十刷)，頁 47-75。

余英時，〈人文研究與泛政治化〉，《歷史人物與文化危機》（臺北：三民，2013 二版三刷），頁 187-195。

余英時，〈人文研究斷源頭，泛政政治化最可憂〉，《聯合報》，1993 年 12 月 25 日，第 4 版。

余英時，〈中國文化的海外媒介〉，《猶記風吹水上麟──錢穆與現代中國學術》（臺北：三民，1995 再版），頁 169-198 。

余英時，〈中國史學的現階段：反省與展望〉，《史學與傳統》（臺北：時報，1997 二版三刷），頁 1-29。

余英時，〈從「反智論」談起〉，《史學與傳統》（臺北：時報，1997 二版三刷），頁 109-124。

余英時，〈中國歷史轉型期的知識分子〉，《聯合報》，1991 年 9 月 8 日，第 4 版。

余英時，〈民間社會與中國傳統〉，《中國時報人間副刊》，1992 年 6 月 10-12 日，27 版。

余英時，〈現代儒學的困境〉，《中國文化與現代變遷》（臺北：三民，1991 二版），頁 95-102。

余英時，〈陳寅恪的學術精神和晚年心鏡〉，《陳寅恪晚年詩文釋證》（臺北：東大，2011 二版一刷），頁 3-68。

余英時，〈費正清與中國〉，《中國文化與現代變遷》（臺北：三民書局，1991），

頁 123-166。

余英時，〈試說科舉在中國史上的功能與意義〉，《知識人與中國文化的價值》（臺北：時報，2007），頁 225-257。

余英時，〈錢穆與新儒家〉，《猶記風吹水上麟──錢穆與現代中國學術》（臺北：三民，1995），頁 31-98。

余英時，〈關於韋伯、馬克思與中國史研究的幾點反省──《中國近世宗教倫理與商人精神》自序〉，《文化評論與中國情懷》(臺北：允晨，2011.8 增訂一版)，頁 149-169。

余英時，〈我走過的路〉，收錄於陳致訪談，《我走過的路：余英時訪談錄》(臺北：聯經，2012)，頁 1-15。

余英時，〈中國史研究的自我反思〉，《漢學研究通訊》，34 卷 1 期(總 131 期)，2015 年 2 月，頁 1-5。

李歐梵，〈魯迅與現代藝術意識〉，《當代》，第 18 期，1987 年 10 月，頁 12-29。

李澤厚，〈漫說「西體中用」〉，《中國現代思想史論》(臺北：三民，1996)，頁 334-367。

李明輝，〈儒學如何開出民主與科學──與林毓生先生商榷〉，《當代》，第 34 期，1989 年 2 月，頁 114-125。

杜正勝，〈史語所的益友沈剛伯〉，收錄於杜正勝、王汎森主編，《新學術之路》（臺北：中研院史語所，1998），上冊，頁 423-440。

杜正勝，〈史學的兩個觀點──沈剛伯與傅斯年〉，《新史學之路》（臺北：三民，2004），頁 157-173。

杜維明，〈一陽來復的儒學──為紀念一位「文化巨人」而作〉，《聯合報·副刊》，1982 年 12 月 2 日，第 8 版。

杜維明，〈儒教中國及其現代命運〉，《現代精神與儒家傳統》（臺北：聯經，1996），頁 289-328。

杜維明，〈儒學第三期發展的前景問題〉，《儒學第三期發展的前景問題》(臺北：聯經，1995 初版二刷)， 頁 272-316。

沈剛伯，〈史學與世變〉，《沈剛伯先生文集(上集)》（臺北：中央日報，1982），頁 63-75。

沈剛伯，〈從百餘年來史學風氣的轉變談到臺灣大學史學系的教學方針〉，《沈剛伯先生文集(上集)》（臺北：中央日報，1982），頁 81-85。

杭之，〈韋伯對反省我們當前處境的意義——《韋伯選集》評介〉，《一葦集續集》(臺北：允晨，1987)，頁 21-34。

林毓生，〈「臺獨」是當前民主發展的障礙〉，《聯合報》，1991 年 5 月 28、30 日，第 4 版。

林毓生，〈「西體中用」論與「儒學開出民主」說評析〉，《中國傳統的創造性轉化(增訂本)》(北京：三聯書店，2011)，頁 457-467。

林毓生，〈「創造性轉化」的再思與再認〉，《文化中國》，第 3 卷第 2 期，1996 年 6 月，頁 21-34。

林毓生，〈「創造性轉化」的再思與再認〉，《聯合報副刊》，1993 年 11 月 29 日，37 版。

林毓生，〈「創造性轉化」的再思與再認〉，收錄於王元化主編，《學術集林(卷六)》(上海：上海遠東出版社，1995)，頁 191-222。

林毓生，〈「創造性轉化」的再思與再認〉，《中國激進思潮的起源與後果》(臺北：聯經，2019.06)，頁 39-92。

林毓生，〈一位知識貴族的殞落——敬悼海耶克先生〉，《聯合報副刊》，1992 年 5 月 1 日，47 版。

林毓生，〈一個培育博士的獨特機構：芝加哥大學社會思想委員會——兼論為甚麼要精讀原典？〉，《思想與人物》（臺北：聯經出版公司，2007.5 二版二刷），頁 293-306。

林毓生，〈二十世紀中國的反傳統思潮與中式烏托邦主義〉，收錄於劉軍寧等編，《市場社會與公共秩序》（北京：三聯書店，1996.10），頁 223-253。

林毓生，〈二十世紀中國的反傳統思潮與中式馬列主義及毛澤東的烏托邦主義〉，《新史學》，第 6 卷第 3 期，1995 年 9 月，頁 95-151。

林毓生，〈二十世紀中國激進化反傳統思潮、中式馬列主義與毛澤東的烏托邦主義〉，收錄於林毓生主編，《公民社會基本觀念(下卷)》（臺北：中研院人社中心，2014.6），頁785-863。

林毓生，〈人文與社會研究發展芻議〉，《中國傳統的創造性轉化（增訂本）》）（北京：三聯書店，2011），頁475-484。

林毓生，〈不以考據為中心目的之人文研究〉，《思想與人物》(臺北：聯經，2007.5 二版二刷)，頁263-275。

林毓生，〈中國人文的重建〉，《思想與人物》（臺北：聯經出版公司，2007.5 二版二刷），頁3-55。

林毓生，〈中國現代性的迷惘〉，收錄於宋曉霞主編，《「自覺」與中國現代性》（香港：牛津大學出版社，2006），頁3-25。

林毓生，〈中國傳統的創造性轉化〉，《歷史月刊》，1996年4月號，頁72-82。

林毓生，〈五十年代臺灣的政治環境與殷海光先生對我的影響〉，《聯合報副刊》，1994年10月17-21日，37版。

林毓生，〈五四時代的激烈反傳統思想與中國自由主義的前途〉，《思想與人物》（臺北：聯經出版公司，2007.5 二版二刷），頁139-196。

林毓生，〈什麼是多元社會——再答楊國樞教授〉，《中國論壇》，第17卷第11期，1984年3月10日，頁32-38。

林毓生，〈什麼是理性〉，《思想與人物》（臺北：聯經出版公司，2007.5 二版二刷），頁57-86。

林毓生，〈王作榮先生〈誰來轉移社會風氣〉——政府官員、知識分子無可逃避的責任(書後)——兼論「民間社會」如何成長〉，收錄於祝萍主編，《社會重建》(臺北：時報文化，1991)，頁432-444。

林毓生，〈以仁心說，以學心聽，以公心辯〉，收錄於許紀霖、宋宏主編，《史華慈論中國》（北京：新星出版社，2006.11），頁566-567。

林毓生，〈臺灣究竟是不是一個多元社會嗎？——簡答楊國樞教授〉，《中國論壇》，第17卷第3期，1983年11月10日，頁54-55。

林毓生，〈史華慈（Benjamin I. Schwartz）思想史學的意義〉，收錄於傅偉勳、周陽山主編，《西方漢學家論中國》（臺北：正中書局，1995 初版第三次印行），頁 79-93。

林毓生，〈平心靜氣論胡適〉，《中國傳統的創造性轉化（增訂本）》（北京：三聯書店，2011），頁 535-545。

林毓生，〈民主自由與中國的創造轉化〉，《思想與人物》（臺北：聯經出版公司，2007.5 二版二刷），頁 277-292。

林毓生，〈民初「科學主義」的興起與涵義——對民國十二年「科學與玄學論爭」的省察〉，《政治秩序與多元社會》（臺北：聯經，1989），頁 277-302。

林毓生，〈兩種關於如何構成政治秩序的觀念——兼論容忍與自由〉，《政治秩序與多元社會》（臺北：聯經，1989），頁 3-47。

林毓生，〈共產文化下的文字障〉，《聯合報副刊》，1992 年 8 月 30 日，第 25 版。

林毓生，〈如何做個政治家——為慶祝新生代臺北市議員當選而作〉，《思想與人物》（臺北：聯經出版公司，2007.5 二版二刷），頁 397-410。

林毓生，〈自由不是解放：海耶克的自由哲學〉，《聯合報副刊》，1997 年 7 月 2-3 日，41 版。

林毓生，〈自傷自毀的民主悲劇〉，《聯合報》，1989 年 9 月 15 日，第 9 版

林毓生，〈我的學思歷程〉，《Google/共識網》，發行日期，2010/01/20，http://www.21ccom.net/articles/lsjd/article_20100120972.html (瀏覽日期 2014/09/20)。

林毓生，〈兩文的緣起與二十年後的反思〉，收錄於朱賜麟、袁世敏主編，《近代中國的變遷與發展——人文及社會科學的探索》(臺北：時報，2002)，頁 82-94。

林毓生，〈和平理性不與政黨掛勾，對臺灣民運具正面意義〉，《聯合報》，1990 年 3 月 24 日，第 4 版。

林毓生，〈知的迷惘——簡答杜維明教授〉，《聯合報·副刊》，1983 年 3 月 4

日，第 8 版。

林毓生，〈近代中西文化接觸之史的涵義：以「科學與人生觀」論戰為例──為紀念張君勱先生百齡冥誕而作〉，《政治秩序與多元社會》（臺北：聯經，1989），頁 75-91。

林毓生，〈建立中國的公民社會與「現代的民間社會」〉，《中國時報周刊》，1992 年 4 月 5-11 日、1992 年 4 月 12-18 日，頁 58-62、38-41。

林毓生，〈從公民社會、市民社會與「現代的民間社會」看中國大陸和臺灣的發展〉，《中國激進思潮的起源與後果》（臺北：聯經，2019.06），頁 9-37。

林毓生，〈思想危機的一個面向〉，《讀書》，第 213 期，1996 年 12 月，頁 40-45。

林毓生，〈胡適與梁漱溟的論辨關於《東西文化及其哲學》及其歷史涵義〉，《政治秩序與多元社會》（臺北：聯經，1989），頁 303-324。

林毓生，〈面對未來的關懷〉，《思想與人物》（臺北：聯經出版公司，2007.5 二版二刷），頁 411-421。

林毓生，〈殷海光先生一生奮鬥的永恆意義〉，《思想與人物》（臺北：聯經出版公司，2007.5 二版二刷），頁 309-322。

林毓生，〈殷海光先生的志業與臺灣的民主發展〉，《中國傳統的創造性轉化（增訂本）》（北京：三聯書店，2011），頁 441-450。

林毓生，〈殷海光先生對我的影響〉，收錄於殷海光、林毓生，《殷海光·林毓生書信錄》(臺北：臺大出版中心，2010)，頁 11-37。

林毓生，〈殷海光先生闡釋民主的歷史意義與中國民主理論發展的前景〉，收錄於韋政通等著，《自由民主的思想與文化──紀念殷海光逝世 20 周年學術研討會論文集》（臺北：自立晚報社，1990），頁 214-224。

林毓生，〈海耶克教授〉，《思想與人物》（臺北：聯經出版公司，2007.5 二版二刷），頁 341-357。

林毓生，〈高貴靈魂的一生──悼念、懷念殷師母夏君璐女士〉，《聯合報副刊》，2014 年 4 月 11 日，D3 版。

林毓生主講，詹景雯整理，〈問題意識的形成與理念（或理想）型的分析〉，《中國文哲研究通訊》，第 14 卷第 4 期，2004 年 12 月，頁 5-21。

林毓生，〈問題意識的形成與理念／理想型的分析〉，收錄於劉翠溶主編，《四分溪論學集——慶祝李遠哲先生七十壽辰》（臺北：允晨，2006），上冊，頁 397-421。

林毓生，〈從政治文化的轉移看民主政治的發展〉，《聯合報》，1988 年 3 月 27 日，第 2 版。

林毓生，〈略談西方自由主義對馬克思主義的批評〉，《民主中國》，第 8 期，1992 年 2 月，頁 60-65。

林毓生，〈黃春明的小說在思想上的意義〉，《思想與人物》（臺北：聯經出版公司，2007.5 二版二刷），頁 385-396。

林毓生，〈敬悼民主運動先驅者傅正先生〉，收錄在宋英等著，《傅正先生紀念文集》（臺北：桂冠，1991），頁 45-50。

林毓生，〈新儒家在中國推展民主的理論面臨的困境〉，《政治秩序與多元社會》（臺北：聯經，1989），頁 303-324。

林毓生，〈法治要義〉，《政治秩序與多元社會》（臺北：聯經，1989），頁 99-105。

林毓生，〈試圖貫通於熱烈與冷靜之間——略述我的治學緣起〉，《聯合報副刊》，1996 年 5 月 3-10 日，41 版。

林毓生，〈對於胡適、毛子水、與殷海光論「容忍與自由」的省察——兼論思想史中「理念型的分析」〉，《政治秩序與多元社會》（臺北：聯經，1989），頁 49-73。

林毓生，〈漫談胡適思想及其它——兼論胡著「易卜生主義」的含混性〉，《政治秩序與多元社會》（臺北：聯經，1989），頁 221-234。

林毓生，〈論臺灣民主發展的形式、實質、與前景——為紀念殷海光先生逝世三十三周年而作〉，《二十一世紀》，第 74 期，2002 年 12 月，頁 4-15。

林毓生，〈論民主與法治的關係〉，《思想與人物》（臺北：聯經出版公司，

2007.5 二版二刷），頁 423-435。

林毓生，〈論梁巨川先生的自殺──一個道德保守主義含混性的實例〉，《思想與人物》（臺北：聯經出版公司，2007.5 二版二刷），頁 197-227。

林毓生，〈魯迅思想的特質〉，《政治秩序與多元社會》（臺北：聯經，1989），頁 235-252。

林毓生，〈魯迅政治觀的困境──兼論中國傳統思想資源的活力與限制〉，《政治秩序與多元社會》（臺北：聯經，1989），頁 253-275。

林毓生，〈魯迅個人主義的性質與含意-兼論「國民性」問題〉，《二十一世紀》，總第 12 期，1992 年 8 月，頁 83-91。

林毓生，〈儒家傳統與西方人權思想的對話──再思中國傳統的「創造性轉化」〉，《明報月刊》，2000 年 1 月號，頁 59-62。

林毓生，〈翰墨因緣念殷師〉，《思想與人物》（臺北：聯經出版公司，2007.5 二版二刷），頁 469-476。

林毓生，〈韋伯論儒家思想的評析〉，收錄於陳永利主編，《未名湖畔大師談.上·演講》(北京：中國人民大學出版社，2017.7)，頁 1-15。

林毓生，〈邁出五四以光大五四──簡答王元化先生〉，《政治秩序與多元社會》（臺北：聯經，1989），頁 351-371。

林毓生，〈鍾理和、「原鄉人」與中國人文精神〉，《思想與人物》（臺北：聯經出版公司，2007.5 二版二刷），頁 371-384。

林毓生，〈關於《中國意識的危機》──答孫隆基〉，《二十一世紀》，第 3 期，1991 年 2 月，頁 136-150。

林毓生，〈嚴正呼籲中共當局釋放劉曉波先生的聲明〉，《Google/民主中國》，發行日期，2010/01/06，
http://www.minzhuzhongguo.org/ArtShow.aspx?AID=12971(瀏覽日期 2014/09/17)。

林毓生，〈繼承經國先生遺志，努力推進法治民主〉，《聯合報》，1988 年 1 月 15 日，第 2 版。

林毓生、錢林森，〈知識分子的歷史擔當與人格堅守──林毓生教授訪談錄〉，收錄於樂黛雲、（法）李比熊主編，《跨文化對話》（北京：三聯書店，2011.5），第 27 輯，頁 249-270。

林毓生譯，〈中國與西方文明之比照〉，《思想與人物》（臺北：聯經出版公司，2007.5），頁 487-498。

林毓生譯，〈羅素自述〉，《思想與人物》（臺北：聯經出版公司，2007.5 二版二刷），頁 477-485。

林載爵，〈燃燒的七十年代──《歷史與思想》二十年〉，《聯合報》，1996年 7 月 1 日，42 版。

林載爵，〈胡適論自由〉，收錄於周策縱等著，《胡適與近代國》（臺北：時報，1991），頁 275-301。

林穎鈺、余帛燦、尤智威記錄整理，林毓生校訂，〈衣帶漸寬終不悔·知識貴族的公共關懷──林毓生教授訪談錄〉，《臺大歷史系學術通訊》，第 5 期，2009 年 11 月，頁 1-9。

范廣欣，〈思想與治學的取向和方法：林毓生先生訪談〉，收錄於思想編委會編著，《思想 38：「米兔」在中國》（臺北：聯經，2019.09），頁 161-179。

侯且岸，〈費正清與中國學〉，收錄於李學勤主編，《國際漢學漫步（上卷）》（河北：河北教育出版社，1997），頁 1-82。

唐光華，〈自由主義者的悲觀──林毓生談一九八九北京學運與中國民主前途〉，《中國時報人間副刊》，1989 年 9 月 19-21 日。

唐光華專訪，晏山農紀錄整理，〈政治家的條件──林毓生院士談對於新總統的期待〉，《中國時報人間副刊》，2000 年 5 月 15-19 日，37 版。

唐君毅、牟宗三、徐復觀、張君勱，〈中國文化與世界──我們對中國學術研究及中國文化與世界文化前途之共同認識〉，收錄在唐君毅，《說中華民族之花果飄零》（臺北：三民書局，2011 二版三刷），頁 119-184。

徐正光等十二位研究員聯署，〈君子慎言──敬告余英時院士〉，《中國時報》，1993 年 12 月 15 日，第 4 版。

徐泓，〈何炳棣教授的明清史研究〉，《明代研究》，第 18 期，2012 年 12 月，頁 23-46。

徐復觀，〈對殷海光先生的憶念〉，收錄於賀照田編選，《殷海光學記》（上海：上海三聯書店，2004.7），頁 30-40。

殷海光 ，〈《海光文選》自敘〉，收錄於林正弘、潘光哲、簡明海等編，《殷海光全集 16：書評與書序(下)》（臺北：臺大出版中心，2010.5），頁 567-569 。

殷海光，〈我所認識之「真正的自由人」〉，收錄於林正弘、潘光哲、簡明海等編，《殷海光文集 13——學術與思想（中）》（臺北：臺大出版中心，2010.12），頁 643-654。

殷海光，〈我被迫離開臺灣大學的經過〉，《殷海光全集 17：雜憶與隨筆》（臺北：臺大出版中心，2010.12），頁 168-179。

殷海光，譯文〈自序〉，收錄於海耶克著，殷海光譯，《到奴役之路》(臺北：臺大出版中心，2012.8 初版四刷)，頁 1-7。

馬孟若、墨子刻合著，劉紀曜、溫振華合譯，〈漢學的陰影：美國現代中國研究近況〉，《食貨月刊》，第 10 卷第 10-11 期，1981 年 1-2 月，頁 444-457、505-519。

張忠棟，〈胡適與殷海光——兩代自由主義者思想風格的異同〉，《自由主義人物》（臺北：允晨，1998），頁 20-78。

張忠棟，〈在動亂中堅持民主〉，《胡適五論》（臺北：稻鄉，2005），頁 153-254。

張忠棟，〈為自由中國爭取言論自由〉，《胡適五論》（臺北：稻鄉，2005），頁 255-288。

張忠棟，〈從《努力》到《新月》的政治言論〉，《胡適五論》（臺北：稻鄉，2005），頁 1-66。

張茂桂，〈貴族學者如何深入臺灣研究？〉，《中國時報》，1994 年 1 月 9 日，第 4 版。

張灝，〈一條沒有走完的路——為紀念先師殷海光先生逝世兩周年而作〉，《幽暗意識與民主傳統》（臺北：聯經，1989），頁 189-199。

張灝，〈見證歷史巨輪的自由主義者：張灝〉，收錄於臺大出版中心編，《我的學思歷程4》（臺北：臺大出版中心，2010），頁216-244。

張灝，〈殷海光與中國知識分子——紀念海光師逝世三十週年〉，《時代的探索》（臺北：聯經，2004），頁237-242。

張灝，〈新儒家與當代中國思想危機〉，《幽暗意識與民主傳統》（臺北：聯經，1989），頁79-116。

許倬雲，〈師恩永念——沈剛伯師周年祭〉，《江心現明月(二)》（臺北：三民，2004），頁626-630。

陳若水，〈臺大歷史系與現代中國史學傳統（1950-1970）〉，《臺大歷史學報》，第45期，2010年6月，頁117-154。

陳儀深、謝嘉祥、管碧玲，〈推動統一才是臺灣民主發展的障礙——就教於林毓生教授〉，《民眾日報》，1991年6月5-6日。

傅斯年，〈「史料與史學」發刊詞〉，《傅斯年全集》（臺北：聯經，1980），第4冊，頁354-356。

傅斯年，〈歷史語言研究所工作之旨趣〉，《傅斯年全集》（臺北：聯經，1980），第4冊，頁253-266。

勞倫斯·史東(Lawrence Stone)著，古偉瀛譯，〈歷史敘述的復興：對一種新的老歷史的反省〉，收錄於陳恆、耿相新主編，《新史學(第四輯)》(鄭州：大象出版社，2005.7)，頁8-27。

勞倫斯·史東(Lawrence Stone)著，莊勝全譯，〈敘事的復興：勞倫斯·史東的學思歷程〉，收錄於陳建守主編，《時代的先行者：改變歷史觀念的十種視野》(臺北：獨立作家，2014.5)，頁52-80。

勞榦(貞一)，〈紀念孟真先生〉，收錄於胡適等著，《懷念傅斯年》（臺北：秀威資訊科技，2014），頁199-200。

勞榦，〈傅孟真先生與近二十年來中國歷史學的發展〉，《大陸雜誌》，第2卷第1期，1951年1月，頁7-9。

黃克武，〈一位「保守的自由主義者」：胡適與《文星》雜誌〉，收錄於潘光

哲主編，《胡適與現代中國的理想追尋：紀念胡適先生一二〇歲誕辰國際學術研討會論文集》（臺北：秀威資訊科技，2013），頁 332-359。

黃克武，〈魂歸何處？梁啟超與儒教中國及其現代命運的再思考〉，《近代中國的思潮與人物》（北京：九州出版社，2012.12），頁 193-216。

黃曉峰，〈林毓生談殷海光〉，收錄於《東方早報·上海書評》編輯部編，《空虛雙城記》（上海：上海書店，2010.4），頁 16-23。

楊國樞，〈臺灣還不是一個多元社會嗎？〉，《中國論壇》，第 16 卷第 11 期，1983 年 9 月 10 日，頁 61-62。

楊國樞，〈現代化歷程中的變遷現象〉，《中國論壇》，第 17 卷第 5 期，1983 年 12 月 10 日，頁 11-17。

楊國樞，〈與林毓生教授再談多元社會〉，《中國論壇》，第 17 卷第 7 期，1984 年 1 月 10 日，頁 55-58。

楊聯陞，〈石湘沒有死——《陳世驤文存》序〉，收錄於楊聯陞著，蔣力編，《哈佛遺墨——楊聯陞詩文簡》(北京：商務印書館，2004)，頁 68-75。

劉述先，〈文化論爭的回顧與批評〉，《文化與哲學的探索》（臺北：臺灣學生書局，1986），頁 13-49。

劉述先，〈當代新儒家思想的批評的回顧〉，《海外與大陸》（臺北：允晨，1988），頁 237-257。

簡明海，〈林毓生「創造性轉化」對五四自由思想的批判與繼承〉，《思與言》，第 49 卷第 1 期，2011 年 3 月，頁 199-247。

顧昕，〈反傳統主義的是非長短：關於《中國意識的危機》〉，《中國啟蒙的歷史圖像》(香港：牛津大學出版社，1992)，頁 88-116。

三、外文資料

Benjamin I. Schwartz, *In Search of Wealth and Power: Yan Fu and the West*（New York：Harvard University, 1964）.

Lawrence Stone, "The Revival of Narrative: Reflections on a New old history", 收

錄於 *The Past and the Present Revisited* (London:Routledge ＆ Kegan Paul Ltd., revised, 1987), pp.74-96.

Lin Yü-sheng（林毓生）, "The "Unity of Heaven and Man" in Chinese Thought: Some Historical Implications"，收錄於中央研究院第二屆國際漢學會議論文編輯委員會編，《中央研究院第二屆國際漢學會議論文集)》（臺北：中研院，1989），頁 251-264。

Lin Yü-sheng（林毓生）, "The Evolution of the Pre-Confucian Meaning of Jen 仁 and the Confucian Concept of Moral Autonomy, " *Monumenta Serica*, vol. 31 （1974-75）, pp.172-204.

Lin Yü-sheng（林毓生）, *The Crisis of Chinese Consciousness: Radical Antitraditionalism in the May Fourth Era*（Madison：University of Wisconsin Press,1979）.

史華慈（Benjamin I. Schwartz）, "FOREWORD "in Lin Yü-sheng（林毓生）, *The Crisis of Chinese Consciousness: Radical Antitraditionalism in the May Fourthnin Era*（Madison：University of Wisconsin Press,1979）, pp.x-xi.

林毓生著，丸山松幸、陳正醍譯，《中国の思想的危機：陳独秀・胡適・魯迅》（東京都：研文出版，1989）。

林毓生著，李炳柱譯，《中国意識의 危機》（漢城：大光文化社，1990）。

國家圖書館出版品預行編目（CIP）資料

自由主義的信徒：林毓生研究/ 李顯裕著. -- 初
版. -- 臺北市：元華文創，2020.06
面； 公分

ISBN 978-957-711-161-6 (平裝)

1.林毓生 2.學術思想 3.自由主義

128.99   109002327

自由主義的信徒：林毓生研究

李顯裕 著

發 行 人：賴洋助
出 版 者：元華文創股份有限公司
公司地址：新竹縣竹北市台元一街 8 號 5 樓之 7
聯絡地址：100 臺北市中正區重慶南路二段 51 號 5 樓
電　　話：(02) 2351-1607　　傳　真：(02) 2351-1549
網　　址：www.eculture.com.tw
E-mail：service@eculture.com.tw
出版年月：2020 年 06 月 初版
定　　價：新臺幣 320 元

ISBN：978-957-711-161-6 (平裝)

總經銷：聯合發行股份有限公司
地　址：231 新北市新店區寶橋路 235 巷 6 弄 6 號 4F
電 話：(02)2917-8022　　傳　真：(02)2915-6275